Bloody Omaha

Der US-Landeabschnitt in Bildern

Helmut Konrad von Keusgen

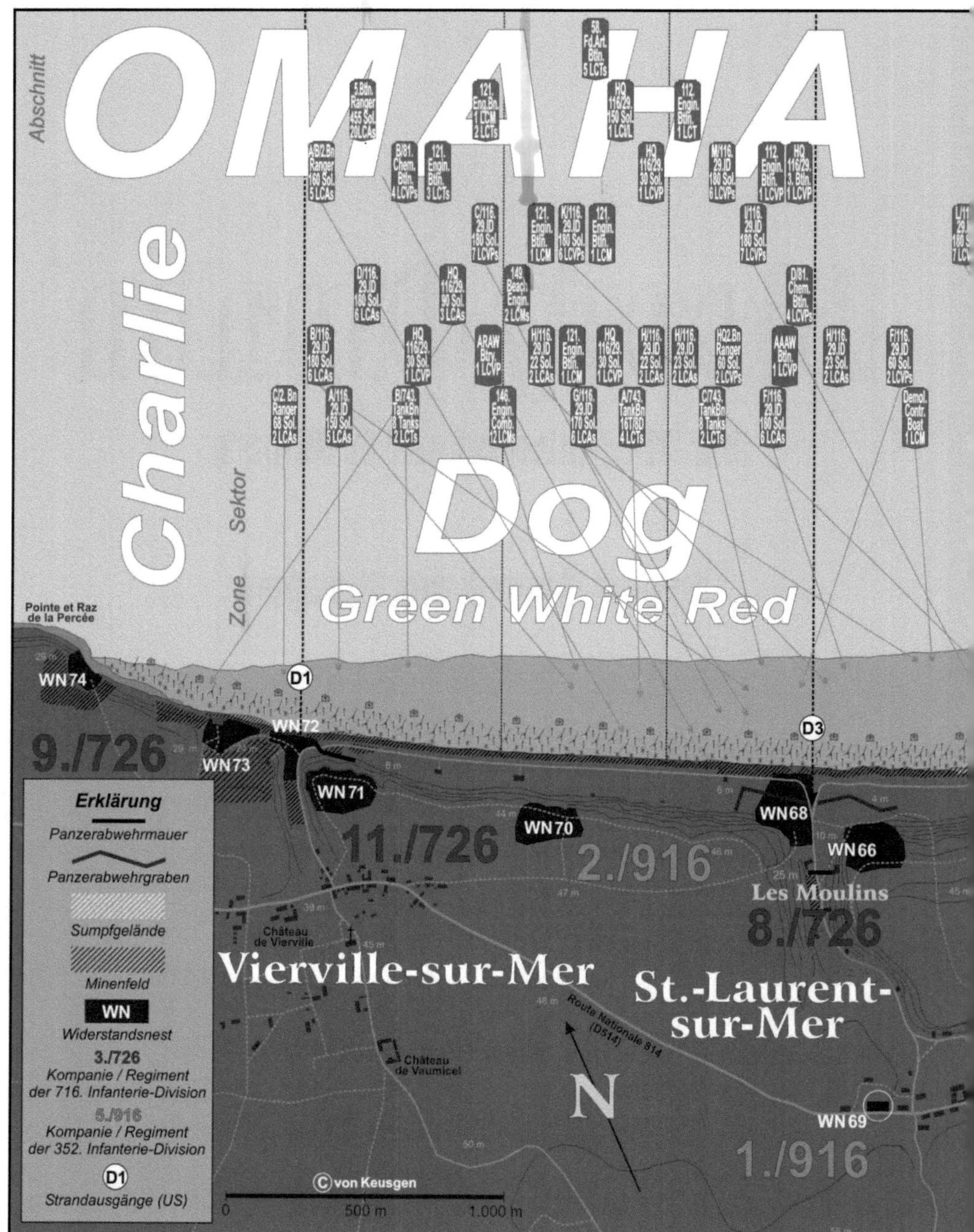

Karte des US-Landeabschnitts *Omaha Beach*. Die Darstellung zeigt die deutschen Verteidigungspositionen sowie die Aufstellung der einzelnen Regimenter. Die Symbole der Landungsboote geben Aufschluß über die jeweilige Truppe, die Anzahl ihrer einzelnen Boote und ihrer Typen sowie die Masse der transportierten Soldaten. Die Positionen der Boote bezeichnen ihre

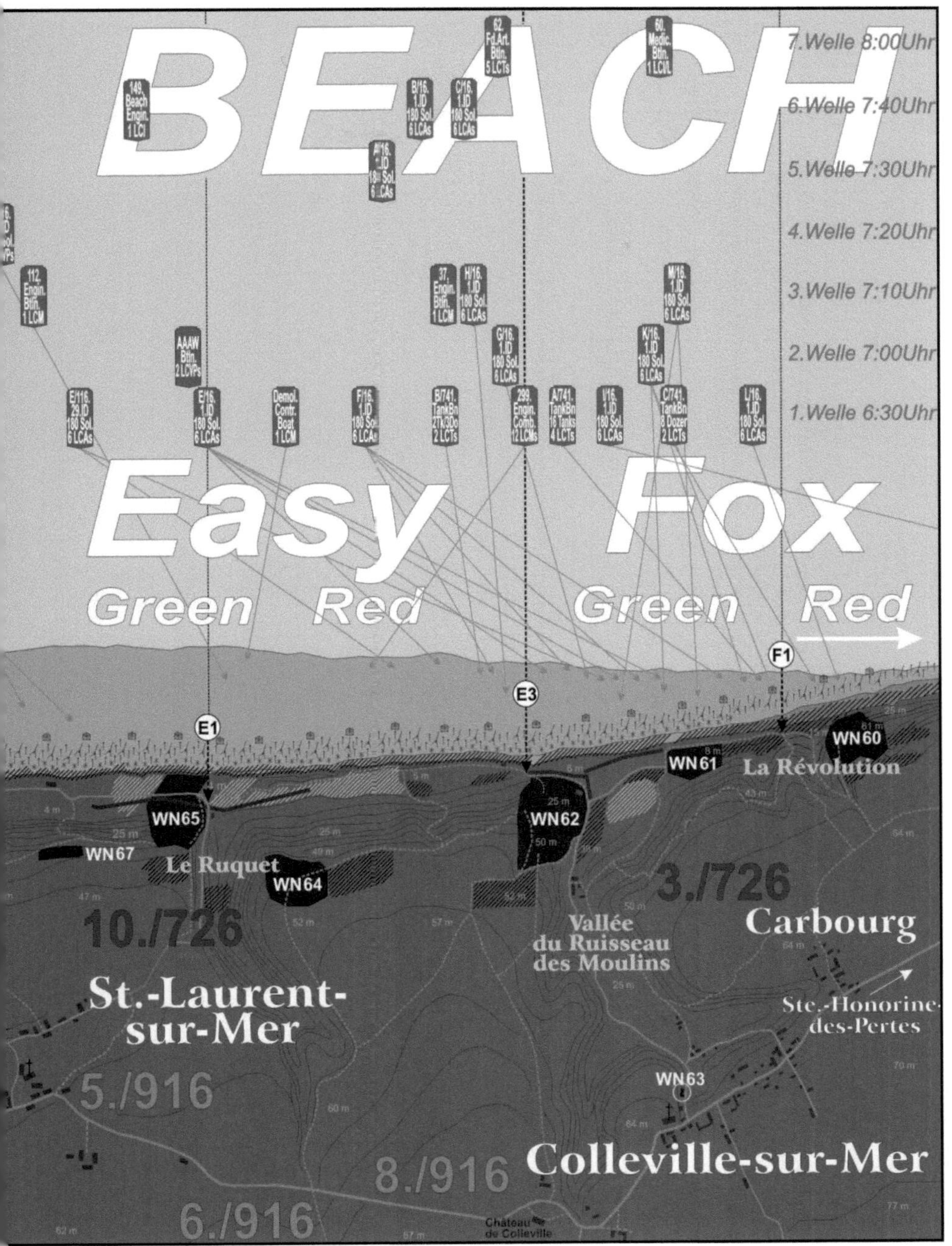

geplante Zielrichtung, die Linien mit den Pfeilen ihren tatsächlichen Landeplatz. Viele der Boote erreichten im deutschen Abwehrfeuer nicht ihr Ziel oder blieben auf See. Dargestellt ist lediglich der erste Teile des Hauptangriffs, der um 8:30 Uhr eingestellt und nach einer weiteren Beschießung der Küste um 9:48 Uhr wieder fortgesetzt wurde …

Bloody Omaha

Der US-Landeabschnitt in Bildern

Helmut Konrad von Keusgen

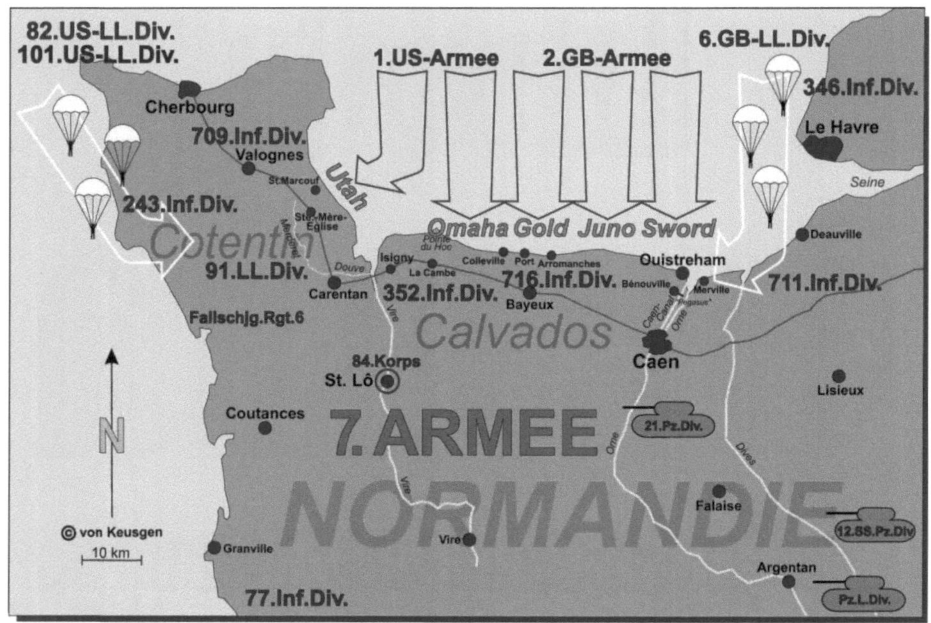

Plan des Landeunternehmens der Alliierten am 6. Juni 1944 und der Positionen der deutschen Truppen

Hinweis:

Bei diesem Buch handelt es sich um eine überarbeitete Neuauflage des Titels „Bloody Omaha" von dem international bekannten Historiker und D-Day-Experten Helmut Konrad von Keusgen, bekannt durch seine in ihrer Art einmalige Aufarbeitung der historisch so bedeutsamen großen Invasion in der Normandie vom 6. Juni 1944 (bekannt als „D-Day") sowie infolge vieler einschlägiger Print-, Radio- und TV-Dokumentationen. Von Keusgen hat in fünfundvierzig Jahren seiner akribischen Recherchen (von 1973 bis 2018) und den ausführlichen Interviews von 446 Zeitzeugen sämtlicher am D-Day beteiligter Nationen ein neues Gesamtbild der damaligen Ereignisse in insgesamt 9 Büchern seiner themenbezogenen Serie dargestellt und somit etliche Lücken geschlossen und viele Fehldarstellungen korrigiert, sogar wichtige Dinge herausgefunden, die für immer geheim bleiben sollten... Von Keusgen gilt als Top-Experte dieses so wichtigen Kapitels der Weltgeschichte.

Auf Wunsch des Autors obliegt diese Neuauflage mit ihrem Originaltext den Regeln der alten deutschen Rechtschreibung.

Inhalt

Vorwort

Eingebettet zwischen einem bis zu 61 Metern ansteigenden Küstensaum befindet sich jene idyllische Bucht, die am 6. Juni 1944, dem D-Day, als US-Landeabschnitt Omaha Beach in die Weltgeschichte eingegangen war…

Bis zum Ausbruch des Zweiten Weltkriegs trennte ein bis zu zwanzig Meter breiter Saum großer Kieselsteine Strand und Vorstrand voneinander, an den bei aufgelaufener Flut die Wellen schwappten. Bei Niedrigwasser jedoch erstreckt sich davor ein ungewöhnlich flacher und folglich sehr breiter Strand – je nach Tide-Koeffizienten stellenweise bis zu fünfhundert Meter. Und ebenso ungewöhnlich ist die Geschichte dieses Strandes und seiner Bucht…

Ergänzend zu meinem Buch Omaha Beach – Die Tragödie des 6. Juni 1944 möchte ich meinen Lesern hier anhand von Fotos und erklärenden Texten zum besseren Verständnis einen mehr visuellen Einblick in die Zeit vor und nach dem Krieg und die tragischen Ereignisse des D-Day 1944 ermöglichen.

Helmut Konrad von Keusgen

Strand-Idylle in der geschichtsträchtigen Bucht an der normannischen Küste des Départements Calvados. Stilvolle Strandvillen und bunte Ferienhäu-
ser der weitläufigen Siedlung St. Clair Belvédère säumten diesen Strand (hier
die östliche Flanke der Bucht vor der kleinen, etwas mehr als einen Kilometer
zurückgelegenen Ortschaft Colleville-sur-Mer).   *Fotos: Archiv von Keusgen*

Vor dem Krieg

Wegen der außergewöhnlichen rot-goldenen Färbung seines Sandes hatte der sechs Kilometer lange Strand in der Bucht zwischen den kleinen Ortschaften Vierville-sur-Mer (im Vordergrund des Fond-Fotos) und Colleville-sur-Mer den Namen "Plage d´Or" (Goldstrand) erhalten. In der Mitte dieser Bucht liegt die ebenso kleine Ortschaft Saint-Laurent-sur-Mer. An der Promenade, die sich über die halbe Länge der Bucht erstreckt, befanden sich etliche vornehme Villen und geräumige Umkleidekabinen (kleines Bild rechts = die Kabinen auf dem damaligen Kieswall an der Promenade von St. Laurent in Richtung Colleville). Die Zentren dieser Orte waren bis zu einem Kilometer vom Strand entfernt. Seit Mitte des 19. Jahrhunderts bis 1940 wurden Vierville und St. Laurent als beliebte Seebäder von vielen wohlhabenden Franzosen aus allen Teilen des Landes in der Sommersaison besucht. So entstanden im Laufe der Jahrzehnte mehrere Hotels in der Nähe des Strandes (im Zentrum des Fond-Fotos und Foto unten das große, komplett aus Holz errichtete Hotel Legallois, ganz links).

Fotos: Archiv von Keusgen

Das gesellschaftliche Leben spielte sich vorwiegend in den attraktiven Bade-orten und nahe des Strandes ab. (Bild oben: Die Strandpromenade am unteren Ortseingang von Vierville.) Hier wurden Badefreuden, exquisite Restaurants, komfortable Hotels und Luxus geboten (im Fond-Foto das mehretagige Strandhotel Legallois) – in Vierville sogar ein Spielcasino (Foto rechts oben).

Fotos: Archiv von Keusgen

CASINO
HOTEL PIPREL
DINERS

Fond-Foto: Die Fortsetzung der Strandpromenade am unteren Ortsrand von St. Laurent in östliche Richtung und bis zum schmalen Tal Le Ruquet.
Bild oben: Die Strandpromenade vor St. Laurent (Blick in westliche Richtung, nach Vierville). Die vornehme Gesellschaft reiste mit dem eigenen Auto und mit Chauffeur an.
Foto unten rechts: Die vom Strand in den Ortskern von St. Laurent führende Promenade mit dem Hotel de la Plage.

Fotos: Archiv von Keusgen

Saint-Laurent-sur-Mer — Arrivée du Tramway

Fast die gesamte Infrastruktur dieses schmalen Landstrichs war auf den Besuch der Seebäder-Gäste ausgerichtet. So fuhr bis 1930 eine Kleinbahn aus dem Hinterland auch über St. Laurent (Postkarte oben links; oben rechts der Bahnhof) und durch den Ortskern von Vierville (Fond-Foto) – bis Automobile und Busse die Bahn unwirtschaftlich werden ließen. *Fotos: Archiv von Keusgen*

Colleville hatte nicht den Status eines Seebades; doch außer etlicher Strandvillen, die sich aber noch mehr als einen Kilometer vom Ortskern entfernt befanden, gab es vor der kleinen angrenzenden Nachbargemeinde Cabourg in Strandnähe auch noch die aus nur wenigen Häusern bestehende Feriensiedlung St. Clair Belvédère (heute Village du Vacances). Vom Ort Colleville führt einer jener für die Normandie so typischen Hohlwege durch das "Mühlenbachtal" zum Strand hinab (Bild oben).

Außer vom Fremdenverkehr lebte die Bevölkerung der drei kleinen an und hinter der Plage-d'Or-Bucht gelegenen Küstenortschaften, von der jede nur wenig mehr als zweihundert Einwohner zählte, von der Landwirtschaft. Aber auch das gehörte mit seinem romantischen Flair für viele Besucher aus den großen Städten zu den Reizen dieser Region.(Fond-Foto: Die Kirche von Colleville. Foto oben: Der an der Ortsdurchgangsstraße, der Küsten- und Nationalstraße 814 – heute D 514 – liegende, Jahrhunderte alte Gutshof Ferme du Chemineau.) Die Idylle und die Infrastruktur blieben aber dieser Region nicht erhalten. Es änderte sich alles nach dem Ausbruch des Zweiten Weltkriegs und mit der Kapitulation Frankreichs – als die deutschen Besatzungstruppen kamen…

Dann kamen die Deutschen...

Nach der Kapitulation Frankreichs trafen bereits am 19. Juni 1944, drei Tage vor der Unterzeichnung des Waffenstillstandsvertrags, die ersten deutschen Truppen im Département Calvados und somit auch in Vierville, St. Laurent und Colleville ein. In der Folgezeit rückten immer mehr Soldaten nach. Besonders ab 1943, nach Hitlers Verfügung, keine jungen deutschen Soldaten mehr an die Ostfront zu schicken, trafen außer älterer und blessierter zunehmend junge Männer in der Normandie ein. Die jungen Rekruten waren sieben Wochen lang in den Niederlanden ausgebildet und dann ohne jede Kampferfahrung an die Kanalküste geschickt worden. Die von der Ostfront stammenden Soldaten waren leicht an ihren Auszeichnungen zu erkennen. (Fond-Foto: Marsch junger deutscher Soldaten von ihrer Ausbildungskaserne in Groesbeck zum Bahnhof in Nijmegen – am 4. September 1943.)

Foto: Kollektion H.-J. Schnichels

In den Truppenlagern in der Normandie wurden die Soldaten den jeweiligen Regimentern zugestellt und marschierten dann zu ihren Bestimmungsorten (wie hier die neuen, von einem Lager bei Bayeux kommenden der 3. Kompanie des Grenadier-Regiments 726 der 716. Infanterie-Division).   *Foto: Kollektion H. E. Ottemeier*

Verordnungsblatt

des Militärbefehlshabers in Frankreich
(VOBlF)

Bestellungen nehmen alle Kommandanturen des Militärbefehlshabers in Frankreich an. Einzelnummern sind nur bei diesen Dienststellen zu haben. Einzelpreis 0,10 RM.

Journal Officiel

contenant les ordonnances du Militärbefehlshaber in Frankreich

Les abonnements peuvent être souscrits auprès de toutes les commandantures du Militärbefehlshaber in Frankreich. On ne peut se procurer de numéros séparés qu'auprès de ces autorités. Prix du numéro 0,10 RM.

Nr. 46	Paris, den 4. November Paris, le 4 novembre	1941

Inhalt : Sommaire :	Seite ; Page :
Verordnung über den Verkehr mit bezugsbeschränkten gewerblichen und forstwirtschaftlichen Erzeugnissen. Vom 17. Oktober 1941. — Ordonnance du 17 octobre 1941, concernant le régime des produits industriels et forestiers soumis au rationnement	310

Durch die deutschen Ortskommandanturen wurden viele der Besatzungssoldaten in Privathäusern und auf den Anwesen der Franzosen einquartiert. Gemäß neuer Bestimmungen (Abbildung oben) wurden der Bevölkerung eine Menge Verbote erteilt. So durften sie keine Waffen und Munition, keine Fotoapparate, Radios und Brieftauben mehr besitzen, für die Besuche anderer Ortschaften brauchten sie von nun an Passierscheine, und ab 22:00 Uhr bestand ein Ausgehverbot. Außerdem mußten weite Teile des Landes und der Küstenregion den Deutschen für den Ausbau militärischer Anlagen überlassen werden – denen sich die Franzosen dann nicht mehr nähern durften. Verstöße gegen diese Anordnungen wurden streng geahndet – in manchen Fällen mit der Todesstrafe.

Abbildung: Kollektion L. Le Devin

Für die deutschen Soldaten war Frankreich das "gelobte Land", denn hier war der Krieg weit von ihnen entfernt. Außerdem bot das Land im Verlauf der Zeit zunehmend mehr Versorgungs- und Luxusgüter als es in der Heimat gab. Viele Soldaten schickten ihren Angehörigen Kleidung, Lebensmittel oder Spirituosen – während die Versorgungsprobleme der Franzosen dramatisch zunahmen…

Fotos: J. Stollenwerk

Viele Soldaten der an der französischen Kanal-Küste stationierten deutschen Truppen waren Kriegsgefangene aus slawischen Gebieten, die statt der Gefangenschaft den Dienst in der Wehrmacht vorzogen. (Fond-Foto: Eine Gruppe der 3. Kompanie des Grenadier-Regiments 726). *Foto: Kollektion J. Stollenwerk*

Die Aufgabe der in der Küstenregion stationierten Soldaten bestand in der Errichtung und dem Ausbau des sogenannten Atlantikwalls, eines mächtigen Abwehrgürtels, der den europäischen Kontinent gegen eine Invasion westlicher Truppen abschirmen sollte. *Foto: Kollektion B. Plota*

Die Soldaten der 3./726 waren an der normannischen Calvados-Küste im Bereich der Ortschaft Colleville-sur-Mer stationiert, wo sie auf vier der ersten kleinen Widerstandsnester (WN 59 bis WN 63) verteilt wurden (beide unteren Fotos)…

Foto: Kollektion B. Lehmkuhl jr.

Über eine Länge von mehr als 4.000 Kilometern entstand nun an der Küste des Atlantiks, vom Nordkap bis zur Biskaya, eine vorerst unzusammenhängende Kette mehr oder weniger großer Stützpunkte und Widerstandsnester, deren Schwerpunkt der Bereich am Pas-de-Calais bildete (Fond-Foto). Aber auch in der sechs Kilometer langen Bucht zwischen Vierville und Colleville entstanden 15 kleine Widerstandsnester, die ebenfalls, entsprechend ihres Distrikts, fortlaufend numeriert wurden (Karte unten).   *Fond-Foto und Karte: Archiv von Keusgen*

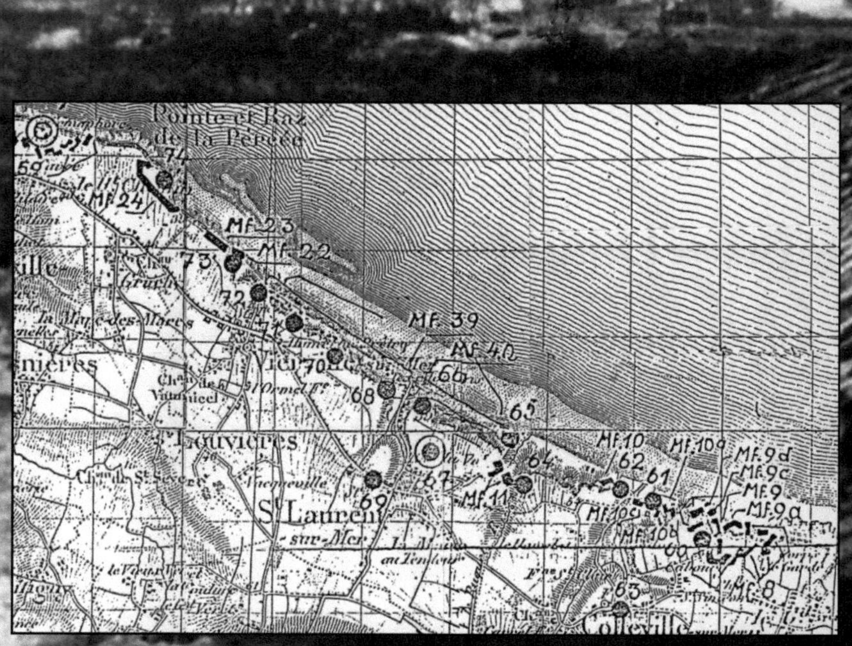

Die kleinen Widerstandsnester in der Normandie waren anfangs mit nur wenigen Soldaten besetzt; die meisten hielten sich in den bis über einen Kilometer hinter der Küste zurückliegenden Kompanie-Niederlassungen auf und waren mit administrativen Dingen und der Formalausbildung beschäftigt. (Foto
oben: WN 60)

Zuerst bestanden die kaum oder nur spärlich eingezäunten Widerstandsnester lediglich aus vereinzelt auf dem jeweiligen Terrain und bis in unmittelbarer Strandnähe aufgestellten Kanonen (Fond-Foto), einigen kurzen Laufgräben und Schützenlöchern. Die Masse der Maschinengewehre und Geschütze waren Beutewaffen, wie die beiden tschechischen 7,65-cm-Kanonen auf dem WN 62 (Bilder oben).

Fotos: Kollektionen E. Müller (Fond-Foto) und B. Plota (Bild oben)

Ebenso primitiv wie die Tarnung der Geschütze waren auch ihre jeweiligen Unterstellplätze, die keinem Bombardement oder Beschuß standhalten konnten. Mit den Zweigen von Ginsterbüschen wurden die Kanonen verdeckt und mit simplen, mit Netzen bespannten und mit Grünzeug bestückten Holzrahmen, die man vor ihnen aufrichtete, von vorn getarnt (Foto oben). Alles hatte den Charakter des Provisorischen – außer am 300 Kilometer entfernten Pas-de-Calais, wo man inzwischen eine Invasion der Westalliierten erwartete…

Foto oben: Kollektion B. Lehmkuhl jr.

Ausbau der Verteidigungs- anlagen

Am 5. November 1943 wurde Generalfeldmarschall Erwin Rommel (Foto oben) von Adolf Hitler zum Befehlshaber der Heeresgruppe B ernannt – somit zum Chef des nordfranzösischen Teils des Atlantikwalls. Als Rommel im Januar 1944 eine erste Inspektionstour in die Normandie unternahm, um sich auch dort einen Überblick über den Ausbau der Befestigungsanlagen zu verschaffen, war er empört über die Mißstände, die er in den Widerstandnestern vorfand. Am 29. Januar besichtigte er die Bucht zwischen Vierville und Colleville. Er sagte zu seinen Offizieren:

"Diese Bucht muß schnellstens gegen Landeversuche der Alliierten gesichert werden – denn hier wird sich das Schicksal Europas entscheiden…"   *Foto oben: R. Munninger*

Der Generalfeldmarschall rechnete mit einem Landeunternehmen der Alliierten in größtem Ausmaß:

"Wenn der Gegner landet, befindet er sich im schwächsten Moment; die Männer sind unsicher, womöglich seekrank. Das Gelände ist ihnen unbekannt. Schwere Waffen sind noch nicht in ausreichendem Maße vorhanden. In diesem Augenblick muß ich sie schlagen..."

Da Rommel an eine feindliche Landung bei Höchstwasserstand glaubte (weil dann die Landungsboote bis direkt an den Vorstrand heranfahren könnten), ließ er am Strand von ihm selbst ersonnene, sogenannte "Teufelsgärten" anlegen: Einen 150 Meter breiten Saum aus unterschiedlichsten Strandhindernissen – mit Minen gespickt.

Fond-Foto und Foto oben: Deutsche Pioniere, französische Zwangsverpflichtete und freiwillige Arbeiter sowie Männer der Feuerwehr spülten mittels einer Feuerspritze bis zu vier Meter lange Baumstämme in den Sand des Strandes ein, die größtenteils noch mit Minen bestückt wurden – eine Maßnahme zur passiven Abwehr von Landungsbooten. *Fotos: Bundesarchiv*

Am Strand entstand in den Monaten bis zum Anfang Juni 1944 ein mit Hindernissen verbarrikadierter Saum aus mit Minen bestückten Pfählen (Foto oben, rechte Seite), Roll- oder Auflaufböcken (auf die bei Flut die Landungsboote auflaufen und kentern lassen sollten – Fond-Foto). Manche dieser Holzböcke waren zusätzlich noch mit Stahlsägen und Minen versehen (unteres Foto, rechte Seite). Die erste Reihe der Hindernisse bildeten die nach ihrem Aussehen benannten Belgischen Tore. Diese schweren Stahlkonstruktionen (die außer ihres Aussehens nichts mit einem Tor gemeinsam hatten) wurden mit Pferdegespannen auf den Strand gezogen (Foto unten). Nahe des Vorstrandes und als letzte Reihe der Hindernisse wurden zur Abwehr von Panzern sogenannte stählerne Tschechenigel aufgestellt (Mitte, rechte Seite).

Foto: ecpa>d

Fotos: US National Archives

Zusätzlich zu den Hindernissen wurde auf dem Kiessaum entlang des Strandes ein mehrere Meter breiter Gürtel aus Tellerminen und Granaten mit Stol-
perdraht-Zündung angelegt (Fond-Foto). Dazwischen wurden außerdem noch
die dosenförmigen Schrapnell-Minen aufgestellt (Foto unten rechts). Auch ließ
Rommel nahe der direkt an der Küste befindlichen Widerstandsnester großflä-
chige Minenfelder anlegen, vor denen auffällige Schilder warnten (Foto unten).

Fotos: US National Archives

Dicht unter die oberen Ränder der hohen Kliffs der Steilküste, an den Flanken der Bucht, wurden 27-cm-Großkaliber-Granaten als sogenannte Minenbomben aufgehängt, die man bei einem feindlichen Angriff herabfallen lassen konnte (Foto rechts).

Mit Nachdruck ließ Generalfeldmarschall Rommel auch den Ausbau der Widerstandsnester vorantreiben – besonders die Verbunkerung der in der Bucht aufgestellten Geschütze. Mit diesen Arbeiten wurde die deutsche Organisation Todt, für die mehrere Bauunternehmen tätig waren, beauftragt. Auch französische Arbeitskräfte mußten auf den Baustellen mithelfen.

Für den Bau der Kasematten wurden spezielle Galerien errichtet, auf denen die Mischer standen und von denen herab die zähflüssige Betonmasse direkt in die Verschalungen gegossen werden konnte. *Foto eines Modells: von Keusgen*

Sämtliche Zufahrtswege, die vom Strand ins Hinterland führen, ließ Rommel durch schwere Hindernisse verbarrikadieren. Am Ende der Strandpromenade, vor dem unteren Ortseingang von Vierville, und auf der in den Ortskern von St. Laurent führenden Straße wurden sogar fast zwei Meter hohe und einen Meter dicke Betonmauern als Panzersperren errichtet. *Foto: Kollektion H. Severloh*

Nicht für alle Geschütze konnten gleich in den ersten Monaten des Jahres 1944 Kasematten errichtet werden – viele verblieben vorerst in ihren nur einfach befestigten Feldstellungen in den Widerstandsnestern (Fond-Foto = eine von zwei 7,65-cm-Feldkanonen des WN 74; Foto oben = russische 7,62-cm-Infanterie-Kanonenhaubitze im WN 64; kleines Foto rechte Seite, oben = 8,8-cm-Kanone im WN 72). Auf einigen Ein-Mann-Unterständen (sogenannte Tobruk-Stände) wurden auch die Türme von Panzern mit ihren Kanonen montiert (Foto rechte Seite, unten = 3,7-cm-Kampfwagenkanone).

Fotos: US National Archives

Zusätzlich zu den Widerstandsnestern in Strandnähe ließ Rommel in einem bis zu acht Kilometer breiten Gürtel im küstennahen Hinterland diverse Batterien aufstellen, deren Artillerie aus diesen vom Meer aus nicht einsehbaren Positionen den Strand mit einem für Angreifer höchst gefährlichen Sperrfeuer belegen konnte. Jede Batterie, die jeweils aus mehreren Geschützen bestand, hatte einen Vorgeschobenen Beobachter, der von seiner Position in Strandnähe das Feuer seiner Batterie leiten konnte (kleines Foto ganz unten = der Beobachtungsstand des Vorgeschobenen Beobachters der 1. Batterie I./352 an der Anhöhe im Widerstandsnest 62 vor Colleville). Der Strand in der Plage-d'Or-Bucht konnte von folgenden fünf Batterien mit insgesamt zwanzig 10,5-cm-Haubitzen unter Feuer genommen werden: Drei Batterien der I. Abteilung des Artillerie-Regiments 352 sowie der II./352 mit zwei weiteren (Foto unten = Geschütz Nummer 1 von vier Haubitzen der 1. Batterie in seiner Stellung nahe Houtteville, 4,5 Kilometer im Hinterland).

Foto unten: Kollektion H. Severloh. Kleines Foto ganz unten: US National Archives

Die 9. Batterie der Heeres-Küsten-Artillerie-Abteilung 1716 im 10,5 Kilometer in westlicher Richtung vom Plage-d'Or entfernten Widerstandsnest (WN) 84 bei Maisy verfügte über vier 15,5-cm-Haubitzen, von denen zwei auf die Bucht ausgerichtet waren (und am 6. Juni 1944 darauf feuerten – Foto oben). Die III. Abteilung des Artillerie-Regiments 352 bestand aus vier Batterien mit jeweils vier 8,8-cm-Flugabwehrkanonen, die 7,5 Kilometer im Hinterland bei Trévières aufgestellt waren (auch sie schossen am 6. Juni auf die Plage-d'Or-Bucht = großes Foto).

Fond-Foto und Foto oben: Archiv von Keusgen

Anfang Juni 1944 waren die 15 Widerstandsnester im Bereich der Plage-d'Or-Bucht noch fast alle in einer fortgeschrittenen Phase des Ausbaus – ganz besonders jene 13 in direkter Strandnähe. Ihre Bewaffnungen waren höchst unterschiedlicher Art und bestanden häufig aus Beutewaffen. Insgesamt konnte die sechs Kilometer lange, von Strandhindernissen verbarrikadierte Bucht deutscherseits von folgenden 169 Waffen unter Beschuß genommen werden: Zwei 8,8-cm-Kanonen, 21 Geschütze der Kaliber 4,5 bis 7,65 cm, fünf Flugabwehrkanonen der Kaliber 2 bis 3,7 cm, sechs Panzerkuppeln mit Kampfwagenkanonen der Kaliber 3,7 bis 7,5 cm, 28 32-cm-Werfer-Raketen, 19 Granatwerfer der Kaliber 5 und 8 cm sowie 68 Maschinengewehre (deutsche MG 34 und 42, wassergekühlte polnische des Typs Maxim und amerikanische der Firma Colt). Dazu kamen die 20 rückwärtig aufgestellten 10,5-cm-Haubitzen. Außerdem waren die fünf Strandausgänge mit zwei Panzerabwehrmauern (vor Vierville und St. Laurent), etlichen Panzerabwehrgräben, Abwehrflammenwerfern und massenhaft Stacheldrahtverhauen gesichert. In den Widerstandsnestern waren (unter Berücksichtigung ständiger Ab- und Neuzugänge) permanent zirka dreihundert Soldaten der Wehrmacht stationiert – am D-Day 308.

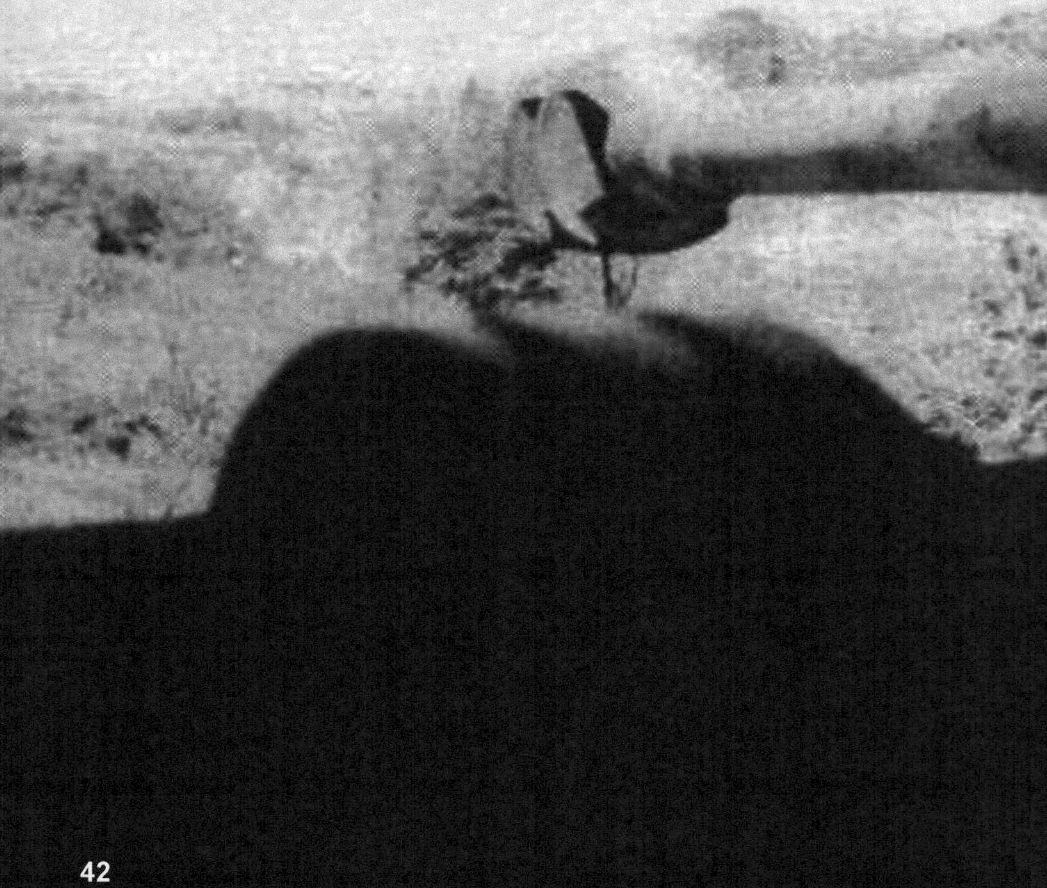

Zwei 8,8-cm-Kanonen waren in speziellen Kasematten an den Flanken der Bucht aufgestellt und konnten den Strand mit Kreuzfeuer belegen (Foto vom nach Westen ausgerichtete Geschütz im Widerstandsnest 61).

Foto: US National Archives

In der Plage-d'Or-Bucht wurden vor fünf Widerstandsnestern mehrere hundert Meter lange, bis zu sechs Meter breite und mehr als zwei Meter tiefe Panzerabwehrgräben ausgehoben und zusätzlich noch durch Stacheldrahtverhaue gegen Infanterieangriffe gesichert (Fond-Foto = der östliche Teil des Panzerabwehrgrabens vor dem WN 65; kleines Foto rechts = der westliche Teil des Grabens).

Auf der dreißig Meter hohen und zweihundert Meter vom Strand zurückgelegenen Küstenanhöhe, zwischen St. Laurent und dem Tal Le Ruquet, war noch im späten Frühjahr 1944 am Rand des Plateaus das Widerstandsnest 67 als Abschußbasis für eine Werfer-Batterie ausgebaut worden. In einfachen Gruben wurden die Stahl- und Holzrahmen mit den Spreng-Raketen aufgestellt (oberes und unteres Foto links = Werfer-Raketen in ihren Rahmengestellen, aus denen sie direkt abgeschossen werden konnten).

Fotos: US National Archives

Nach einer Idee Rommels während seines Nordafrika-Feldzugs (1941-1943) waren sogenannte Tobruk-Stände entstanden: Aus Beton in den Erdboden gegossen, die Oberkante mit der Erdoberfläche bündig, boten sie einem Soldaten als Maschinengewehr- oder Granatwerferstand einen relativ sicheren Standort.

In den Granatwerferständen mit ihren achteckigen Luken wurden auf einem schmalen Betonsockel (Schießtisch) 5-cm- oder 8-cm-Granatwerfer montiert (Foto oben) – oftmals jedoch nur die Werfer-Halterung (großes Foto). Häufig waren am Innenrand der Luken die Koordinaten für die Grundeinstellung angegeben und die Schießräume (als jeweilige Landschaftsansichten) aufgemalt (großes Foto).

Foto oben: Bundesarchiv. Fond-Foto: US National Archives

In den runden Luken der MG-Stände wurden die Maschinengewehre auf eine betonierte Sockel-Lafette und auf schmale, umlaufende Schienen gestellt (wie das MG'42 auf
dem Foto unten). Den MG-Schützen war in diesen Tobruk-Ständen ein Rundum-Feu-
ern möglich.

Beim Ausbau der Widerstandsnester wurden primär die Strandausgänge beachtet, die für einen gelandeten Gegner von größter Wichtigkeit für ein schnelles Vordringen ins Hinterland waren. Folglich ließ Rommel auch diese Stellen besonders stark bewaffnen. Betonierte Ringstellungen (kleine Fotos) und als Kleinstunterstände bezeichnete Kasematten für Kampfwagenkanonen (großes Foto) sollten die exponiertesten Passagen sichern.   *Fotos: US National Archives*

Vorbereitungen auf die Invasion

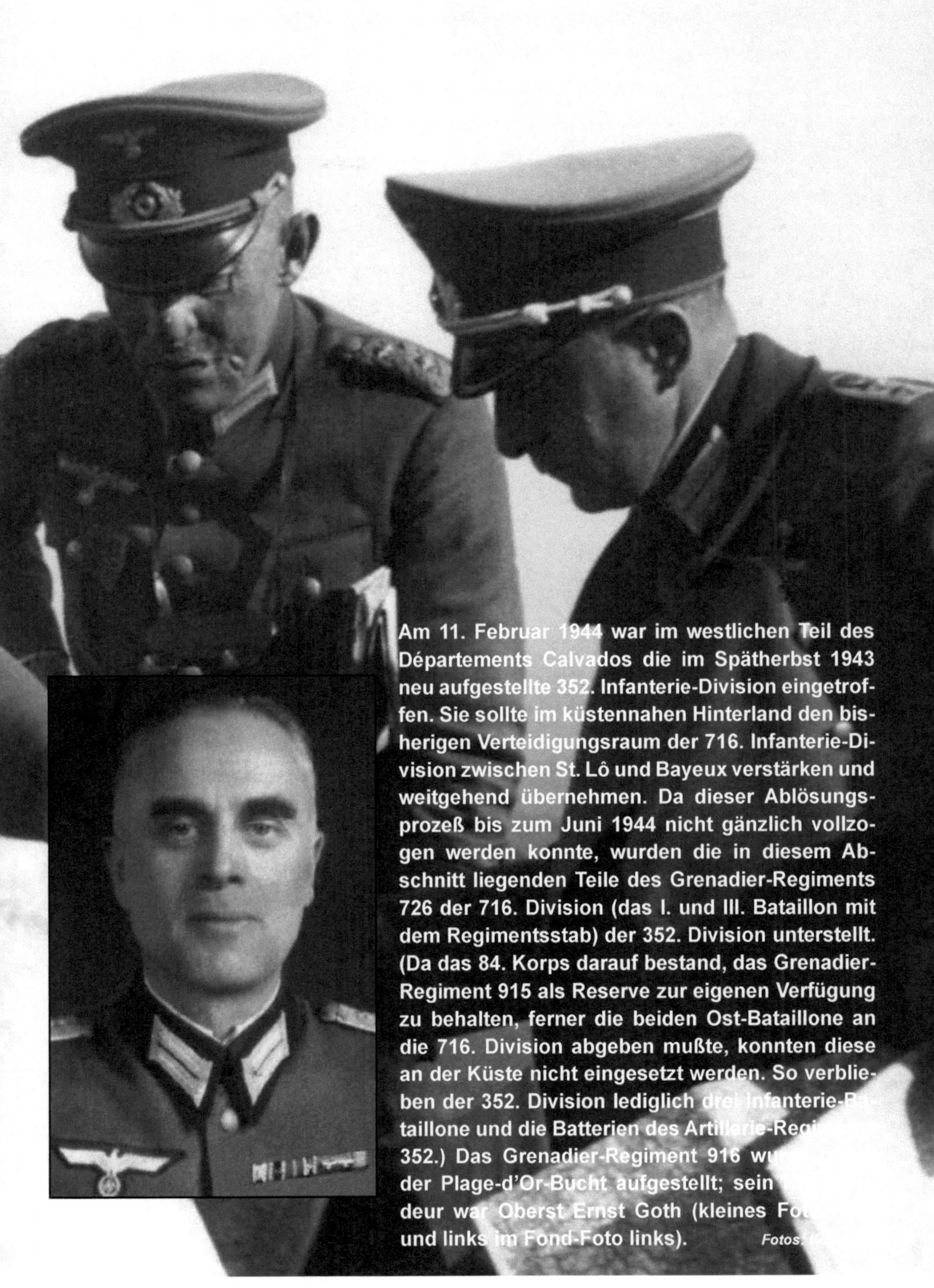

Am 11. Februar 1944 war im westlichen Teil des Départements Calvados die im Spätherbst 1943 neu aufgestellte 352. Infanterie-Division eingetroffen. Sie sollte im küstennahen Hinterland den bisherigen Verteidigungsraum der 716. Infanterie-Division zwischen St. Lô und Bayeux verstärken und weitgehend übernehmen. Da dieser Ablösungsprozeß bis zum Juni 1944 nicht gänzlich vollzogen werden konnte, wurden die in diesem Abschnitt liegenden Teile des Grenadier-Regiments 726 der 716. Division (das I. und III. Bataillon mit dem Regimentsstab) der 352. Division unterstellt. (Da das 84. Korps darauf bestand, das Grenadier-Regiment 915 als Reserve zur eigenen Verfügung zu behalten, ferner die beiden Ost-Bataillone an die 716. Division abgeben mußte, konnten diese an der Küste nicht eingesetzt werden. So verblieben der 352. Division lediglich drei Infanterie-Bataillone und die Batterien des Artillerie-Regiments 352.) Das Grenadier-Regiment 916 wurde der Plage-d'Or-Bucht aufgestellt; sein Kommandeur war Oberst Ernst Goth (kleines Foto und links im Fond-Foto links). *Fotos:*

Die Kerntruppe der neu aufgestellten 352. Infanterie-Division war aus den Resten von nur noch etwa 20 Prozent ehemaliger Rußland-Kämpfer der an der Ostfront zerschlagenen 321. und 355. Infanterie-Division gebildet worden. Die Masse junger, 17- bis 18-jähriger Rekruten mußte der Wehrkreis XI, Hannover, hinzustellen. Ergänzt wurden sie aus der Volksliste 3 und verschiedener Ost-Nationalitäten und durch einen Teil sächsischer Rekruten und einigen im Aufstellungsraum zurückgelassener Truppenteile der verlegten 389. Infanterie-Division. Die Reste der alten Einheiten hatten aus Rußland eine Menge sogenannter Hiwis (Hilfswillige) mitgebracht, die ihren Dienst in rückwärtigen Stellungen verrichten mußten. So bestand die insgesamt 12.640 Soldaten umfassende Division aus einem Gemisch verschiedener Truppenteile, die als letzten Bestandteil am 10. März 1944 noch die frisch ausgerüstete Panzerjäger-Abteilung 352 zugestellt bekam. Der Kommandeur der 352. Division war Generalleutnant Dietrich Kraiß (Bildmitte, in weißer Jacke, und kleines Foto rechts), dessen vorherige 355. Division in Rußland zerschlagen worden war.

Fond-Foto: Kollektion H.-J. Schnichels; kleines Foto: Archiv Éditions Heimdal

VIERVILLE-SUR-MER
(6+79:10)
ROAD TO BEACH
(6+99:7)
28
27

Was die deutschen Bauarbeiter und Soldaten in der Normandie auch taten – es wurde auf der anderen Seite des Kanals von den West-Allierten genau beobachtet. Immer wieder überquerten Beobachtungsflugzeuge die französische Küste und fertigten aus großer Höhe Luftaufnahmen von den im Ausbau befindlichen Stützpunkten und Widerstandsnestern an (das untere der beiden Fotos auf der linken Seite zeigt den Panzerabwehrgraben zwischen dem WN 61 – Nr. 28 – und dem WN 62 – ganz rechts – sowie jene Stellen, an denen schwere Geschütze aufgestellt waren – Pfeile) oder flogen sogar in niedriger Höhe den Strand entlang (wie auf dem großen Foto, das von einem Beobachter zwischen Vierville und St. Laurent am 19. Mai 1944 aufgenommen wurde). So war man über den Stand des permanenten Ausbaus der Befestigungsanlagen ständig aktuell informiert. Auch mit Hilfe französischer Agenten und Fischer, sowie von U-Booten aus, wurde die Küste detailliert fotografiert. Die Fotos jedes einzelnen Strandabschnittes wurden ausgewertet und zu einem Ganzen zusammengefügt (die kleine obere Abbildung links zeigt mit zwei montierten Fotos lediglich einen kleinen Ausschnitt von der gesamten Küste), anhand derer man das Vorgehen bei einem Angriff exakt planen konnte.

Fotos: US National Archives

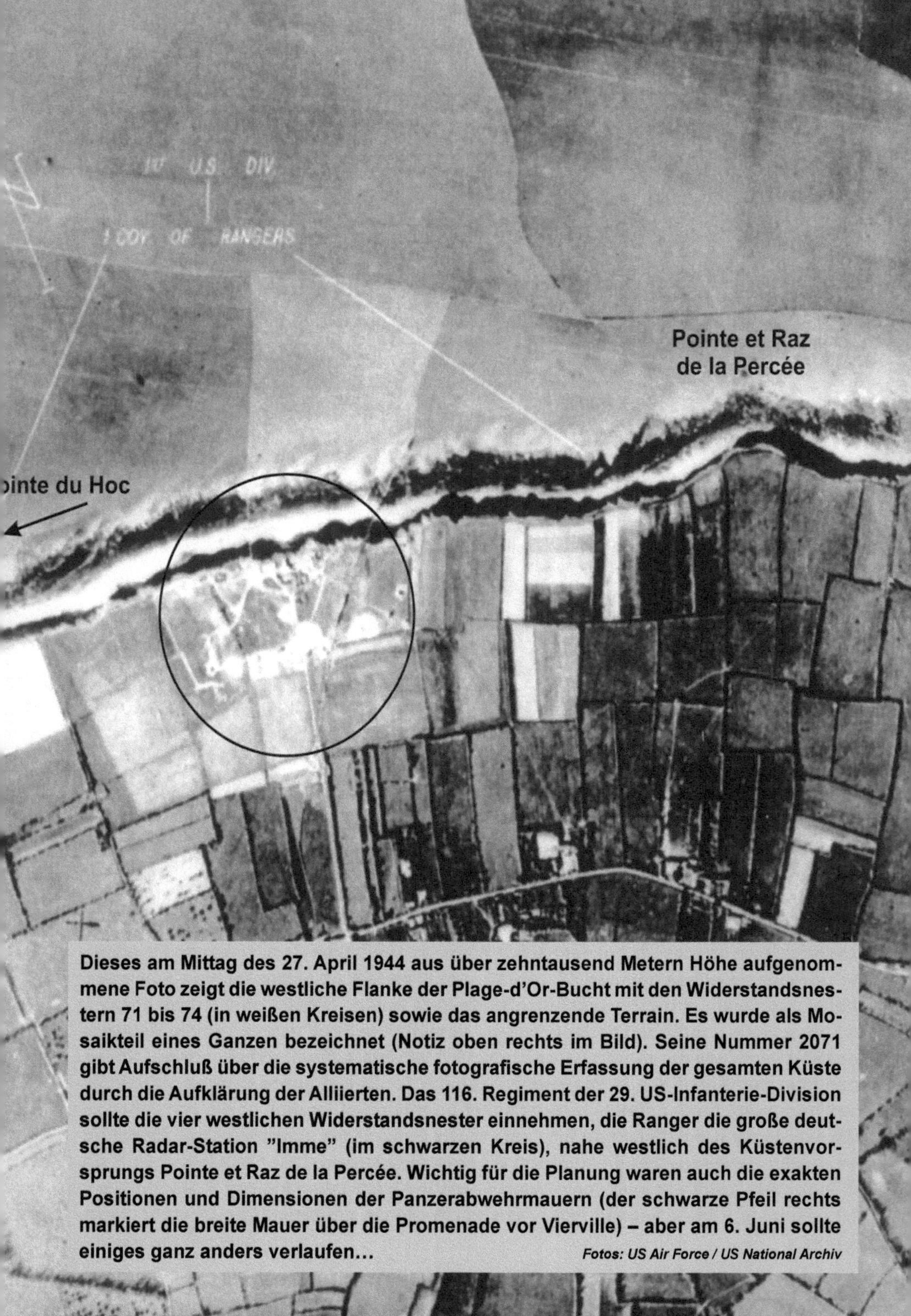

Dieses am Mittag des 27. April 1944 aus über zehntausend Metern Höhe aufgenommene Foto zeigt die westliche Flanke der Plage-d'Or-Bucht mit den Widerstandsnestern 71 bis 74 (in weißen Kreisen) sowie das angrenzende Terrain. Es wurde als Mosaikteil eines Ganzen bezeichnet (Notiz oben rechts im Bild). Seine Nummer 2071 gibt Aufschluß über die systematische fotografische Erfassung der gesamten Küste durch die Aufklärung der Alliierten. Das 116. Regiment der 29. US-Infanterie-Division sollte die vier westlichen Widerstandsnester einnehmen, die Ranger die große deutsche Radar-Station "Imme" (im schwarzen Kreis), nahe westlich des Küstenvorsprungs Pointe et Raz de la Percée. Wichtig für die Planung waren auch die exakten Positionen und Dimensionen der Panzerabwehrmauern (der schwarze Pfeil rechts markiert die breite Mauer über die Promenade vor Vierville) – aber am 6. Juni sollte einiges ganz anders verlaufen...

Fotos: US Air Force / US National Archiv

HERVILLE - SUR - MER.
DATE 27.4.4
MAP SHEET
G.S.G.S. 4347
Sht. 34/18 N.E.
MAP SQUARE CO-ORDS.
622961 65893
607927 64590
MOSAIC No (M) 2071
NEG. No 59885.
29TH U.S. DIV.
116 RCT.
WN 74
WN 73
WN 72
WN 71

Im Süden Großbritanniens standen in 1.108 Truppenlagern inzwischen 37 Divisionen für die Invasion bereit – mehr als vier Millionen Soldaten (1.750.000 Briten, 1.500.000 Amerikaner und 750.000 Männer aus Kanada, Australien, Neuseeland sowie 44.000 Freiwillige anderer Nationalitäten), von denen 154.000 am ersten Angriffstag, der als D-Day bezeichnet wurde, auf französischem Boden landen sollten. Zum Oberbefehlshaber der Alliierten Expeditionsstreitkräfte wurde US-General Dwight D. Eisenhower bestimmt (Foto unten).

Ende April 1944 erging vom obersten Führungsstab der Alliierten die Order, daß sich die verschiedenen Angriffstruppen zu ihren Ausgangspunkten begeben müßten – aber bereits seit mehreren Monaten waren die ungeheuren Mengen des gesamten Material- und Waffenpotentials in den Aufstellungsräumen bereitgestellt worden (Fond-Foto und Foto unten).

Zum Ende des Monats Mai wurde damit begonnen, das Kriegsmaterial auf die Schiffe und Boote zu laden. (Fond-Foto: Im britischen Hafen Brixham wurden LSTs beladen. Diese Landing Ship, Tanks = Landungsschiffe für Panzer wurden auch als Transporter für andere Fahrzeuge, schweres Gerät, Soldaten und Landungsboote der Typen LCM, LCVP und LCA genutzt, siehe das Schiff rechts, auf dessen Deck gerade einer der Krane dabei war, ein LCVP zu hieven.) *Fotos: US National Archives*

Längst waren die Sammellager, Marine-Basen und Häfen in Süd-England überfüllt, und man mußte für die vielen eintreffenden Landungsboote Liegeplätze suchen. Wo immer noch Platz auf dem Wasser war, wurden ständig neue Anker- und Anlegestellen geschaffen. Bis zu zehn Boote, die mit Tarnnetzen überdeckt waren, lagen an jedem Liegeplatz nebeneinander. Die Masse der bereitgestellten Landungsboote bestand aus LCTs (Landing Craft, Tanks = Landungsboote für Panzer, Fond-Foto), LCIs (Landing Craft, Infantry = Landungsboote für die Infanterie), LCMs (Landing Craft, Material = Landungsboote für Material), LCVPs (Landing Craft, Vehicle and Personnel = Landungsboote für Fahrzeuge und Personen) und den kleinen LCAs (Landing Craft, Assault = Landungsboote für den Angriff). Für einen zusätzlichen Küstenbeschuß (zu dem der schweren Artillerie der Kriegsschiffe) gab es LCGs (Landing Craft, Guns = Landungsboote mit Kanonen) sowie LCRs (Landing Craft, Rockets = Landungsboote mit Raketenwerfern – Fotos auf der rechten Seite.)

Fotos: US National Archives

"D-Day"
6. Juni 1944

Im Schutz der Nacht hatte sich die größte Armada der Weltgeschichte mit 1.213 Kriegs-
schiffen, 4.126 Landungsbooten sowie 1.652 zivilen Begleitschiffen der normannischen
Küste genähert – die Operation Overlord (Deckname für die Invasion) war angelaufen,
der "Sprung über den Kanal". Die Marine-Operation trug den Decknamen Neptune, der
erste Tag des Angriffs wurde als D-Day (Tag der Tage oder Decision-Day = Entschei-
dungstag) bezeichnet. Das Oberkommando über die gesamten Invasionsstreitkräfte
sowie das Kommando über die britische 21. Armee-Gruppe wurde für den 6. Juni dem
britischen General Bernard L. Montgomery übertragen (der am 1. September 1944 zum
Feldmarschall befördert wurde – Foto unten).
Für die Invasion in der Normandie war für die Amerikaner der Angriff im westlichen
Luftlanderaum (auf der Cotentin-Halbinsel) und in zwei Strandabschnitten geplant; diese wurden mit den Code-Namen Utah Beach und Omaha Beach bezeichnet. Wegen ihrer günstigen topographischen Verhältnisse wählten die Strategen der Alliierten die
Plage-d'Or-Bucht als den zweiten US-Landeabschitt Omaha Beach – an dem bereits am
ersten Tag der Offensive 34.142 Soldaten und 3.306 Fahrzeuge an Land gehen sollten.
Fotos: Mit Sperrballonen gegen Tieffliegerangriffe ausgestattete Schiffe und Boote näherten sich der normannischen Küste.

Fotos: US National Archives

Außer der Schiffsarmada überquerten auch 12.837 Flugzeuge und Lastensegler den Kanal. Um 0:10 Uhr erreichten die ersten Verbände die Calvados-Küste und begannen strategisch wichtige Positionen, Nachschubwege der deutschen Truppen, Brükken, Bahnhöfe und Flugplätze im küstennahen Hinterland zu bombardieren.

Fotos: US National Archives

F 3R O

U.S. NAVY

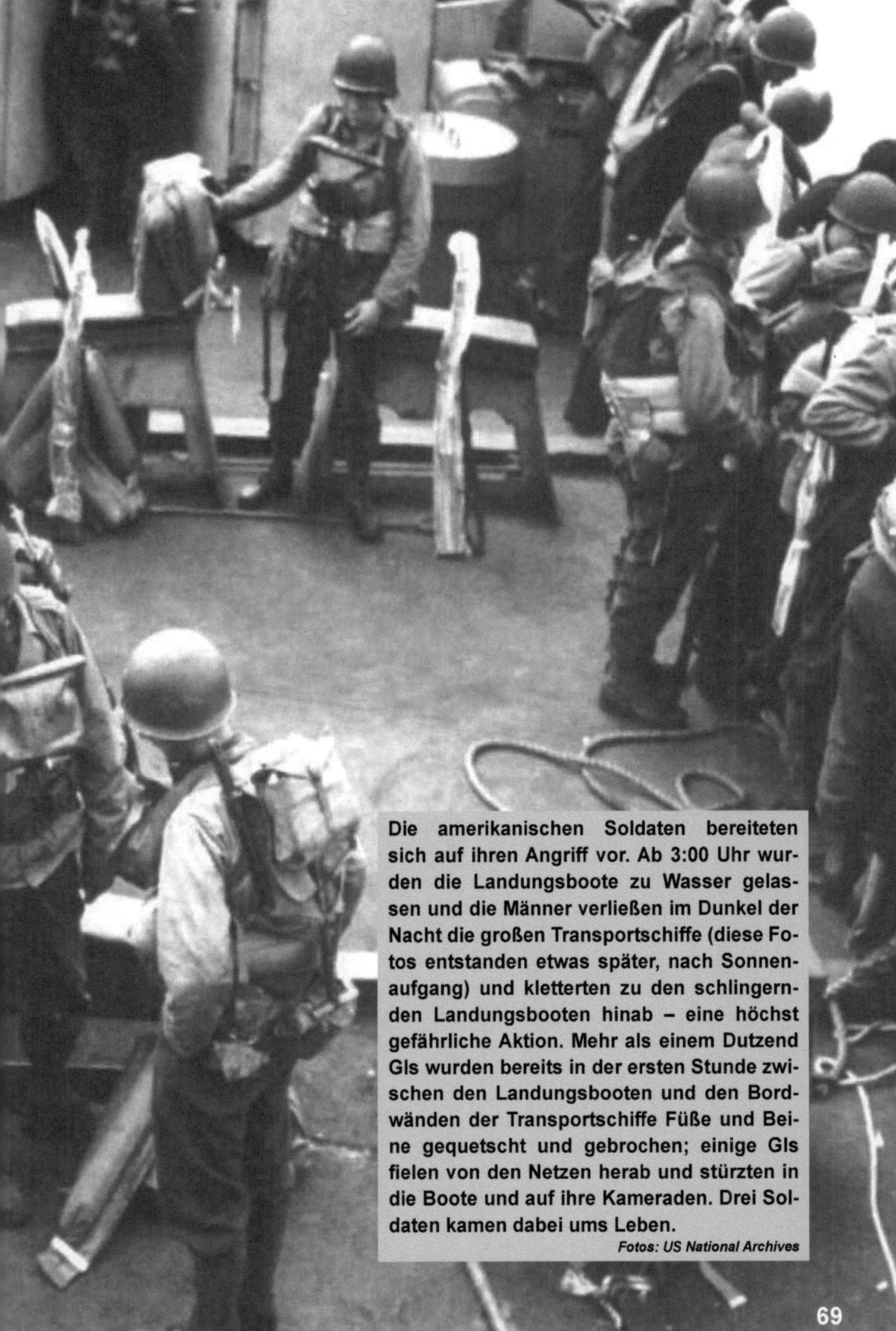

Die amerikanischen Soldaten bereiteten sich auf ihren Angriff vor. Ab 3:00 Uhr wurden die Landungsboote zu Wasser gelassen und die Männer verließen im Dunkel der Nacht die großen Transportschiffe (diese Fotos entstanden etwas später, nach Sonnenaufgang) und kletterten zu den schlingernden Landungsbooten hinab – eine höchst gefährliche Aktion. Mehr als einem Dutzend GIs wurden bereits in der ersten Stunde zwischen den Landungsbooten und den Bordwänden der Transportschiffe Füße und Beine gequetscht und gebrochen; einige GIs fielen von den Netzen herab und stürzten in die Boote und auf ihre Kameraden. Drei Soldaten kamen dabei ums Leben.

Fotos: US National Archives

Die Hölle von Omaha

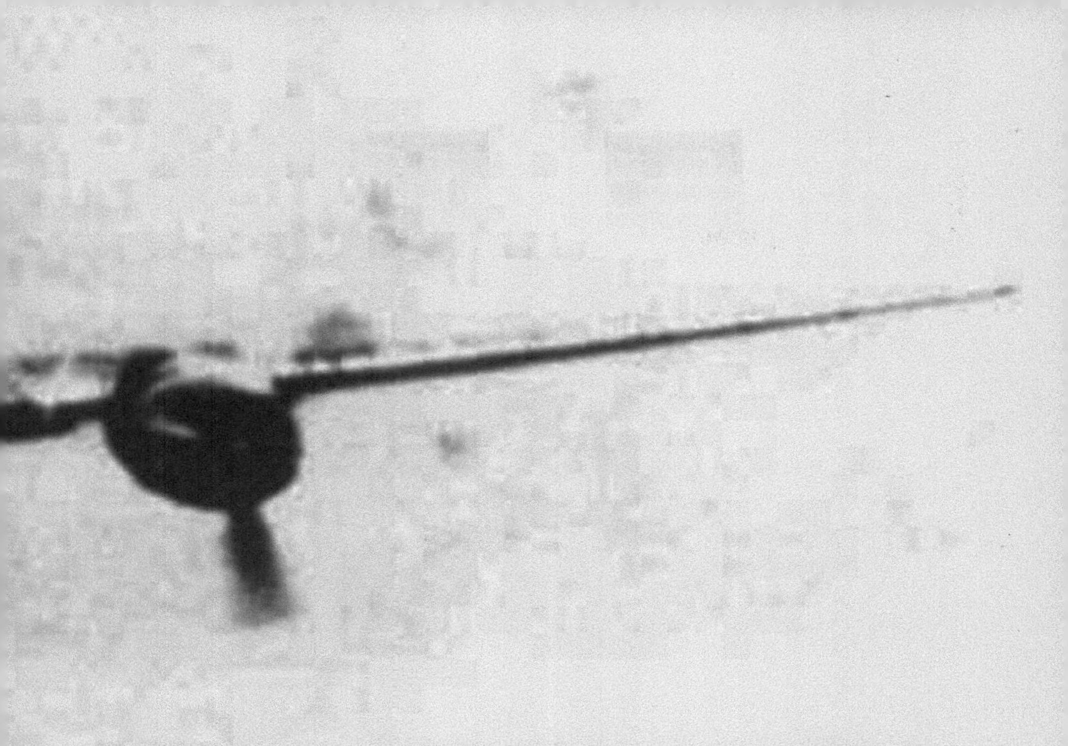

Bei zunehmendem Tageslicht näherten sich um 5:00 Uhr, über das Meer kommend, 446 Bomber der 8. US Air Force ihrem Zielgebiet Omaha Beach – mit 13.000 Bomben mit insgesamt 1.285 Tonnen Gewicht an Bord (durchschnittlich 91,8 Tonnen für jeden deutschen Stützpunkt). Jedoch wurden in diesen B24-Liberators (Foto) veraltete Zielinstrumente verwendetet, die wesentlich ungenauer waren als ein Bombenabwurf nach Sicht. Außerdem wollte der Führungsstab der 8. US-Luftflotte wegen der schlechten Witterungs- und Sichtverhältnisse nicht riskieren, daß die Bomber versehentlich die sich bereits der Küste nähernden Landungsboote träfen, und man ließ den Abwurf um einige Sekunden später erfolgen. So verfehlte die Masse der Bomben ihre Ziele – bis zu fünf Kilometer. 117 der Bomber waren mit ihrer Bombenfracht nach Großbritannien zurückgekehrt, weil sie ihre Ziele nicht gefunden hatten. So stellte der erste Schlag der Amerikaner am Omaha Beach ein militärisches Mißgeschick dar, das für ihre bald darauf anlandenden GIs noch fatale Folgen haben sollte...

Foto: US National Archives

Unmittelbar nach dem Ende des Bombardements verflüchtigte sich um 5:50 Uhr der künstliche Nebel, der die gewaltige Flotte der Kriegsschiffe verhüllt hatte. Um 5:55 Uhr begann dann schlagartig der schwere Beschuß durch die Schiffsartillerie auf die Küste (Foto unten) – ein Trommelfeuer stärksten Ausmaßes, ebenfalls mit dem Ziel, die deutschen Verteidigungsanlagen zu zerschlagen. Granaten mit Kalibern bis zu 42,5 cm und die Raketen der LCRs (Fond-Foto und Foto rechts) heulten zum Land hinüber. Ihre Einschläge auf den Anhöhen ließen den Erdboden erzittern und verhüllten den Himmel mit dunklem Qualm. Für die Betrachter von See her schien die ganze Küste zu brodeln… Doch auch mit diesem schweren Beschuß wurde nicht die gewünschte Wirkung erzielt: Die Zerschlagung der deutschen Stellungen. Den Schiffs-Artilleristen war wegen der ungeheuren Rauchentwicklung bereits nach wenigen Minuten eine genaue Erkennung ihrer Ziele unmöglich. So verfehlte die Masse der Granaten ihre Ziele oder flogen darüber hinweg… *Fotos: US National Archives*

Für das in größter Dimension angelegte amphibische Landeunternehmen war auch eine spezielle Schwimmvorrichtung für Panzer entwickelt worden: Ein an Stahlgestellen aufgehängter, herauf- und herabklappbarer Schwimmsack (Fotos links), zusätzlich ein weiterer Antrieb über zwei am Heck installierte Schiffspropeller (Duplex Drive = Zweifach-Antrieb). Diese Panzer sollten unmittelbar vor der ersten Angriffswelle der Infanteristen am Strand landen. Als sie jedoch zu früh und noch viel zu weit vom Strand entfernt über die Rampen der LCTs ins Meer entlassen wurden (Fond-Foto), knickten bereits nach nur kurzer Fahrt die zu fragilen Aufhängungen der Schwimmsäcke vieler Panzer infolge des schweren Seegangs ein, das Wasser überflutete die 31 Tonnen schweren Stahlkolosse – und sie sanken augenblicklich. Für die Besatzungen bestand trotz ihrer U-Boot-Rettungsausrüstung und Schwimmwesten akute Lebensgefahr, denn ihr großes Problem bestand darin, nicht schnell genug aus den Panzern heraus zu kommen, bevor sie in eine zu große Tiefe gerieten. Doch die hereinbrechenden Wassermassen verhinderten ein sofortiges Aussteigen. Für viele dieser Männer wurde ihr Panzer zum Sarg. Von den insgesamt 64 Panzern und 16 Tank-Dozern (Panzer mit Bulldozer-Schaufeln zum Beseitigen von Strandhindernissen) versanken 28 im Meer.

Fotos: US National Archives

Noch im Schutz des Trommelfeuers folgte den Schwimmpanzern die erste Angriffswelle der Landungsboote – 43 Boote mit 1.460 Infanteristen (Fond-Foto);
sie sollten exakt um 6:30 Uhr landen. Zwei Minuten danach hatte eine Pionier-
Abteilung zu folgen, um Hindernisse zu räumen, Schneisen zu sprengen und
Wege zu markieren. Für diese Aktionen waren 30 Minuten eingeplant, dann
sollten in kurzen Abständen zueinander die nächsten Angriffswellen mit stär-
keren Infanterie- und Artillerie-Einheiten auf den Strand auflaufen...

Entgegen der Erwartungen auf deutscher Seite begann das Landeunternehmen der Alliierten bei niedrigstem Wasserstand und im Moment des Beginns
der auflaufenden Flut. Zwar war dann der Strand am breitesten, jedoch die für
die Landungsboote bei Hochwasser so gefährlichen Hindernisse noch nicht
überflutet und gut zu erkennen. *Fotos: US National Archives*

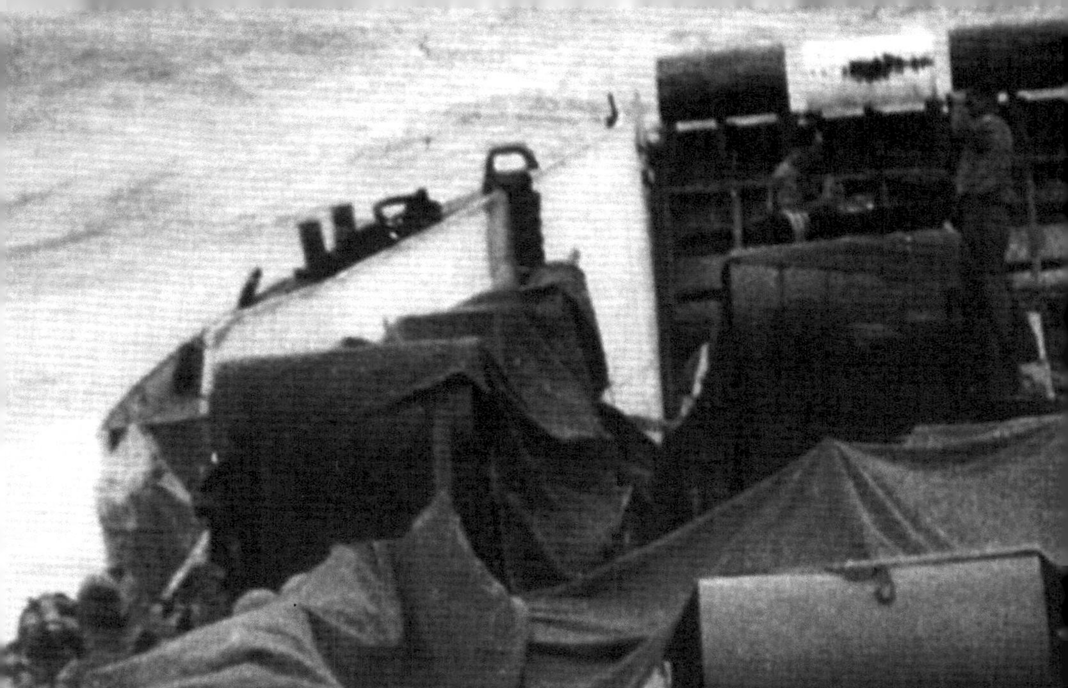

Bereits der ersten Angriffswelle folgten für die zweite Welle die LCTs mit Fahrzeugen (kleines Foto) und Amphibien-Panzern (mit jeweils zwei hohen Luftschächten, die dem Motor und der Besatzung als Schnorchel dienten. Diese Panzer konnten in einer Wassertiefe abgesetzt werden, die ihnen bis zum Turm reichte – Fond-Foto). Insgesamt stellte der Transport der Truppen und des Materials das größte Logistik-Unternehmen der Weltgeschichte dar.

Fotos: US National Archives

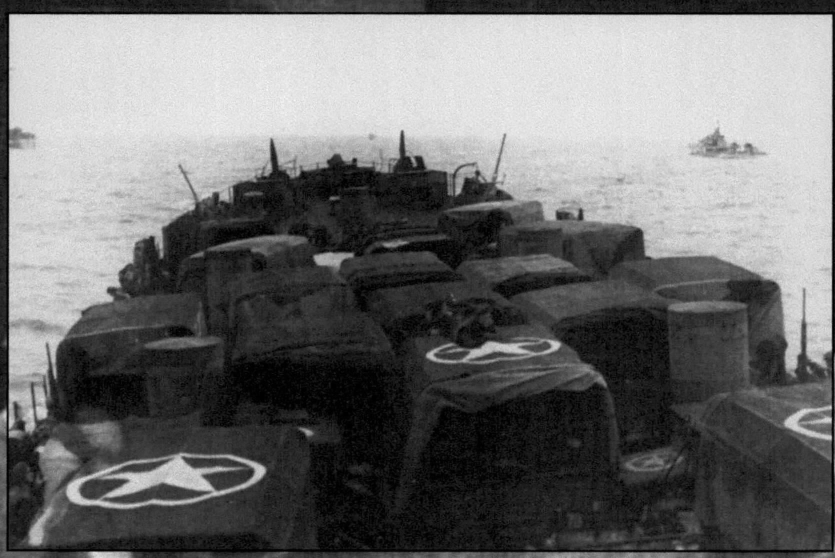

Als sich die erste Angriffswelle der Landungsboote um 6:27 Uhr bis auf 500 Meter dem Strand genähert hatte, wurde der Beschuß der Küste durch die Schiffsartillerie eingestellt. Doch entgegen der Planung, daß die Schwimm-Panzer vor der Infanterie an Land gehen sollten, wurden einige von den nicht im Meer versunkenen von etlichen Landungsbooten überholt. (Foto: Ein LCVP, hatte sich gerade einem der Panzer genähert – rechts im Bild.) Viele der Soldaten waren nach der vierstündigen Anfahrt in den kleinen, auf den Wellenbergen und durch die Wellentäler schlingernden Booten seekrank geworden. Übelkeit und die ständig über die Bordwände schwappenden Wellen des kalten Seewassers machten ihnen zu schaffen. Um ihre Waffen vor dem Salzwasser zu schützen, waren sie mit Kunststoffhüllen überzagen worden. Zu Ihrer Sicherheit trugen alle GIs aufblasbare Schwimmschläuche.

Foto: US National Archives

Während ihrer Fahrt zum Strand passierten viele Boote jene Stellen, an denen Schwimm-Panzer oder Landungsboote versunken waren und ihre Besatzungen hilflos im Meer trieben (Fond-Foto). Entgegen des ausdrücklichen Befehls, auf direktem Weg zum Strand zu fahren und sich nicht mit dem Bergen im Meer umhertreibender Soldaten aufzuhalten ("Ihr seid Angriffsboote, keine Rettungsboote"), nahmen dennoch etliche Landungsboote die in Not geratenen Männer auf (kleine Fotos links). Für die Rettung dieser GIs waren spezielle Bergungsboote bei jeder Angriffswelle dabei (kleines Foto rechts).

Fotos: US National Archives

Für den Angriff im Landeabschnitt Omaha Beach wurden Soldaten der bereits kampferprobten 1. Infanterie-Division (Nord-Afrika und Sizilien) und der völlig kampfunerfahrenen 29. Infanterie-Division eingesetzt (die 1. Division in den Sektoren "Easy" und "Fox", die 29. im Sektor "Dog"). Die Stunde X (der Moment der Landung) war im US-Landeabschnitt Omaha Beach für 6:30 Uhr festgesetzt. Doch bedingt durch die am 6. Juni herrschenden, äußerst widrigen Strömungsverhältnisse wurde die Masse der heranfahrenden Landungsboote von ihren eigentlichen Zielgebieten deutlich abgetrieben (Boote, die sich im westlichen Abschnitt befanden, zunehmend stärker als jene im östlichen Angriffsbereich) – in den Sektoren Easy und Fox bis zu teilweise zwei Kilometer (siehe Karte vorn im Buch).

Die Landungsboote waren mit leichten Geschützen oder Maschinengewehren ausgestattet (LCVP = Fond-Foto, LCA = kleines Foto links). Doch war es den Schützen während der Anfahrt in den schaukelnden Prähmen nicht möglich, unter der dunklen Wolke aus Rauch und Qualm weder deutsche Stellungen noch Soldaten erkennen zu können. Aber man hatte den GIs gesagt, daß, wenn sie an Land kämen, alles derart zerbombt und zusammengeschossen sein würde, daß sie mit keinem starkem deutschen Widerstand zu rechnen hätten. Dennoch waren sie in großer Sorge und Anspannung. Was sie aber wirklich erwartete, ahnte niemand...

Fotos: US National Archives

Nachdem die stählernen Rampen der Landungsboote herabgefallen waren, gerieten die GIs in
eine Apokalypse, denn augenblicklich begannen
die deutschen MG-Schützen zu feuern. Die GIs
sprangen ins kalte Wasser, das ihnen anfangs oft
noch bis zu den Schultern reichte.
Wenn sie dann nach dem anstrengenden Weg
zum Strand endlich in nur noch knietiefes Wasser kamen, wurden sie gezielt mit Gewehren beschossen, weil sie dort weder Deckung durch
Untertauchen nehmen noch schnell auseinander-
laufen konnten. Viele GIs wurden von Panik er-
faßt...

Fotos: US National Archives

Der Strand war zum Zeitpunkt der niedrigsten Tide und im Moment der wieder einsetzenden Flut an manchen Stellen bis annähernd 500 Meter breit. Für die US-Soldaten bedeutete das, 500 Meter gegen Maschinengewehre, Granatwerfer und Karabinerbeschuß anzulaufen – und dann auch noch gegen plötzlich einsetzendes schweres Artillerie-Sperrfeuer. So versuchten viele GIs verzweifelt hinter Strandhindernissen Deckung zu finden. Doch das war das Falscheste, das sie tun konnten, denn nun waren sie "stehende" Ziele für Scharfschützen… Im Moment der Überwindung des Strandes waren die GIs in einer völlig wehrlosen Situation, denn es war ihnen kaum möglich, einen der in ihren Unterständen, Schützenlöchern und Gräben stehenden deutschen Soldaten (kleines Foto rechts) zu erkennen, andererseits das Salzwasser und der nasse Sand zu ernsthaften Schwierigkeiten mit ihren Waffen führten. Außerdem waren vor dem Ausbooten an die Soldaten der ersten Sturmtruppen großzügige Mengen Benzedrin-Tabletten ausgeteilt worden, die Hunger, Angst und Müdigkeit entgegenwirken sollten. Infolge unterschiedlicher Verträglichkeit und Dosierung verursachten die Tabletten jedoch nicht selten die schrecklichsten Wirkungen. Völlig konträr zum gewünschten Effekt schliefen manche GIs inmitten des auf sie herabprasselnden Feuers ein, andere suchte keine Deckung und gingen mit wirrem Blick langsam und aufrecht am Strand umher, einige schossen unkontrolliert um sich – und auf die eigenen Kameraden…

Fond-Foto: US National Archives

Im Schutz ihrer Panzer strömten immer mehr GIs auf den Strand, der permanent unter deutschem Abwehrfeuer lag (Foto oben = die 5-cm-Kampfwagenkanone des WN 65). Doch ein weiteres Problem stellten die vielen US-Soldaten dar, die hinter jenen Hindernissen Deckung suchten, die von den Demolition-Teams (Zerstörer-Trupps) zur Sprengung vorbereitet werden sollten. Diese 16 Spezial-Teams (von denen zwei bereits während der Anfahrt mit ihren Booten im Meer versunken waren) hatten die Aufgabe, 16 Schneisen in die Reihen der Hindernisse zu sprengen – eine Arbeit, die sie im Hagel der Geschosse aufrecht stehend verrichten mußten (Pfeil im Foto rechts oben).

Foto oben: Bundesarchiv; Fond-Foto und Fotos rechts: US National Archives

Fünf Pioniere transportierten in einem ihrer kleinen Schlauchboote zwei verwundete Kameraden an den Strand. Noch kurz zuvor war dieses Boot mit
Sprengstoff für die Zerstörung der Strandhindernisse beladen – und es waren
insgesamt acht Männer gewesen…

Auch mit der 7,5-cm-Kampfwagenkanone und einem Maschinengewehr im Turm eines deutschen Panzers IV, im WN 66, wurden die US-Soldaten beschossen.

Fotos: US National Archives

Der Kieswall, der den Strand vom Land trennte, war für die amerikanischen Soldaten, die bereits auf dem Strand erhebliche Verluste erleiden mußten, das erste erstrebenswerte Ziel – um dahinter endlich wenigstens etwas Deckung zu finden (Fond-Foto). Doch war der grobe Kies mit Minen und Minenfallen (Minen mit Stolperdrahtzündung und in Kombination mit Granaten) durchsetzt, was zu weiteren Verlusten führte.

Fotos: US National Archives

An den Flanken der Omaha-Bucht fanden die dort gelandeten GIs unter der dortigen Steilküste etwas Schutz vor dem starken Beschuß – nicht aber vor den an den oberen Rändern der Kliffs aufgehängten schweren Minen-Bomben... Durchnäßte und teilweise selbst blessierte Sanitäter leisteten Erste Hilfe, legten den Verwundeten Fusionen und Verbände an – mehr war ihnen in dem Chaos, in das alle geraten waren, im Moment nicht möglich. *Fotos: US National Archives*

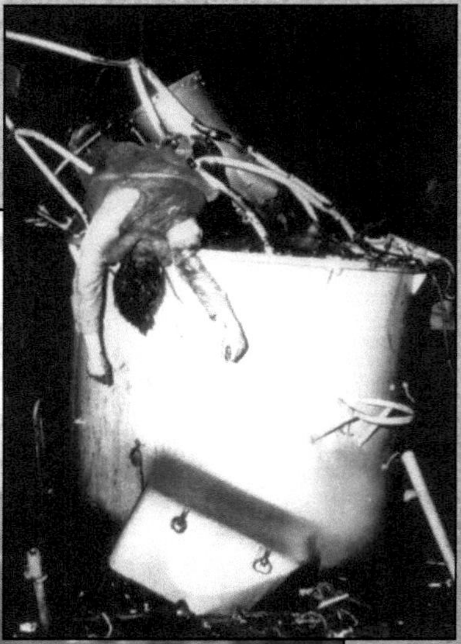

Auf ihrem Weg zum Strand mußten sämtliche sieben Staffeln der Landungsboote die Sperrfeuerzonen der deutschen Batterien durchfahren; somit wurden viele Boote bereits Opfer der Artillerie, bevor sie überhaupt die Küste erreicht hatten (Fotos oben). Um 7:00 Uhr erhielt auch ein mit Sprengstoff und 22 GIs beladenes LCA der zweiten Angriffswelle einen Granat-Vollreffer und wurde augenblicklich vollständig zerstört (Foto rechts). Um 7:35 Uhr wurde ein LCVP des 149. Pionier-Bataillons von einer Granate getroffen, und die an Bord befindliche Munition ging in Flammen auf. Das Boot fuhr dennoch weiter; so mußten die Soldaten einige Minuten lang in der Höllenglut aushalten – dennoch erreichten alle lebend den Strand, einige jedoch stark blessiert (Fond-Foto).

Fotos: US National Archives

Bergungs- und Landungsboote brachten unentwegt verwundete und tote Soldaten zu den großen Transportschiffen zurück, auf denen spezielle Behandlungsräume eingerichtet waren. Da diese infolge der Masse zu behandelnder Verwundeter nicht mehr ausreichten, wurden auch direkt auf den Schiffsdecks Wundbehandlungen und Notoperationen durchgeführt (Foto rechts unten).

Fotos: US National Archives

Die GIs, die beim Heranfahren an die Küste sehen konnten, in welche Hölle sie gleich gerieten, und von denen viele auch schon vor ihrer Landung und auf den Booten von deutschen Maschinengewehren beschossen wurden, versuchten verzweifelt, zwischen ihren Kameraden etwas Deckung zu finden, oder sie hängten sich über die Bordwände, um somit den Geschossen auszuweichen. Auf vielen Booten brach Panik unter den Soldaten aus.

Foto: US National Archives

Während die Flut langsam an den Hindernissen empor stieg, rollte eine Angriffswelle nach der anderen an den inzwischen von Lastwagen, Panzern und GIs überfüllten und von Rauchschwaden verhangenen Strand. Die Soldatenmassen und Fahrzeuge waren vom deutschen Abwehrfeuer regelrecht "festgenagelt" worden. Um 8:30 Uhr wurden die Anlandungen eingestellt – denn auf dem Strand bahnte sich ein Chaos an. Von der Kommandobrücke seines Hauptquartier-Schiffs aus beobachtete der Kommandeur der amerikanischen Armeegruppe, Generalleutnant Omar N. Bradley (Foto oben = Zweiter von links), das Desaster am Omaha Beach. Dennoch war es inzwischen längst etlichen kleinen Trupps GIs gelungen, an verschiedenen Stellen zwischen den deutschen Widerstandsnestern über den Strand und sogar bis auf die Küstenanhöhe vorzustoßen. Doch den Amerikanern war es in Ermangelung ausreichender Kommunikationsmöglichkeiten nicht möglich, diese Erfolge ihrem Armee-Kommandeur zu melden – allerdings hatten sie auch mehr als fünfzig Prozent ihrer Kampfstärke am Strand verloren...

Fotos: US National Archives

Ein Loch am Strand und ein Funkgerät bildeten den "vorderen Gefechtsstand" der ersten gelandeten Truppen.

Das Chaos

Um einen Mißerfolg des Landeunternehmens am "Omaha Beach" zu verhindern, ließ Bradley den schmalen Küstenstreifen mit den deutschen Stellungen noch einmal beschießen. Ab 9:20 Uhr brüllten wieder die schweren Kanonen der Schiffsartillerie, und Raketensalven heulten zum Strand hinüber. Die Kriegsschiffe, die sich inzwischen bis auf 17 Kilometer der Küste genähert hatten, verwandelten diese mit ihren Granaten und effektiverer Treffgenauigkeit nochmals und für 20 Minuten in einen brodelnden Vulkan (Foto rechts), obwohl sich inzwischen mehrere tausend GIs in diesem Feuerbereich befanden …

Fotos: US National Archives

Noch während des Beschusses der deutschen Küstenbefesti-
gungen bereiteten sich die Amerikaner auf weitere Anlandungen vor. Ständig wurden Soldatenmassen und Kriegsgerät auf
die Boote verladen und in Richtung Omaha Beach gefahren…

Fotos: US National Archives

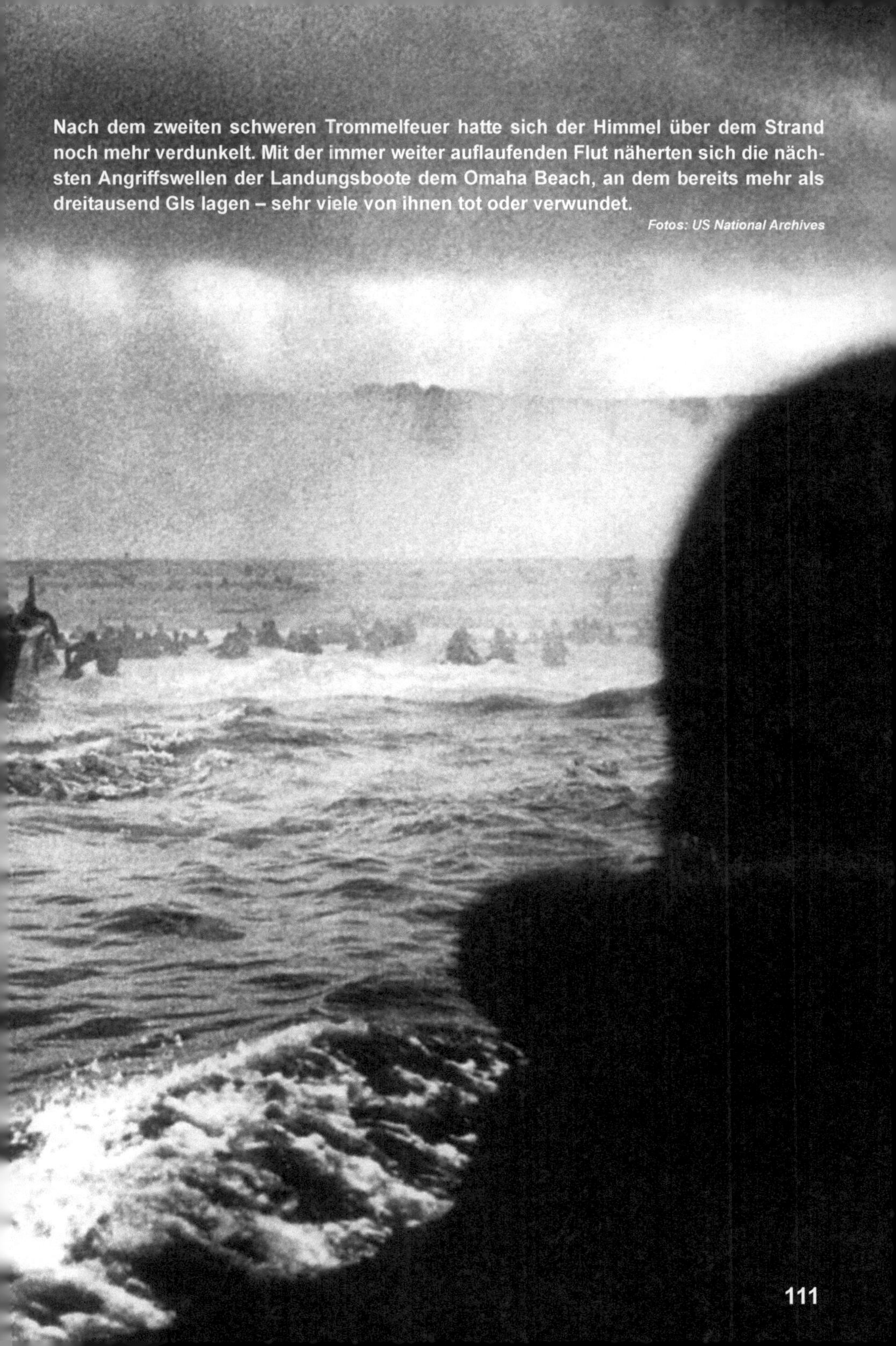

Nach dem zweiten schweren Trommelfeuer hatte sich der Himmel über dem Strand noch mehr verdunkelt. Mit der immer weiter auflaufenden Flut näherten sich die nächsten Angriffswellen der Landungsboote dem Omaha Beach, an dem bereits mehr als dreitausend GIs lagen – sehr viele von ihnen tot oder verwundet.

Fotos: US National Archives

Viele GIs, die von ihren heranfahrenden Booten aus den enormen Beschuß auf die Küste und die deutschen Verteidigungsstellungen beobachten konnten, waren der Meinung, daß nach einer derartigen Feuerwalze kaum noch ein Soldat imstande sein könnte, Widerstand leisten zu können – doch sie irrten sich…

Fotos: US National Archives

Doch trotz einiger Verluste kamen die deutschen Soldaten unmittelbar nach Beendigung des Trommelfeuers wieder aus ihren Unterständen und waren zu weiterer Verteidigung bereit – ebenso wie die Feuerleitoffiziere der Artillerie in ihren Observationsständen (kleines Foto). Inzwischen trafen auch die ersten Eingreifreserven aus dem nahen Hinterland an der Küste ein...

Die zurückgelegenen Batterien waren von dem schweren Beschuß der Schiffsartillerie nicht erreicht worden und belegten den Strand weiterhin mit starkem Sperrfeuer.

Foto: Kollektion H. Severloh

Viele der Landungsboote wurden während ihrer Fahrt zum Strand von den Granaten des deutschen Artillerie-Sperrfeuers und der Kanonen in den Widerstandsnestern getroffen. In jenen Bereichen, die gelegentlich weniger unter Feuer genommen wurden, versuchten bereits gelandete GIs ihren in Not geratenen Kameraden zu helfen, denn sehr viele von ihnen konnten nicht gar nicht schwimmen...

Fotos: US National Archives

Im Chaos des heftigen deutschen Abwehrfeuers gingen die Rufe nach den Sanitätern unter. Unentwegt wurden GIs Opfer des Hagels der Geschosse. Das Sanitätspersonal, das selbst große Verluste erleiden mußte, war nicht in der Lage, die Masse der Verwundeten zu versorgen. Die meisten Ärzte und Sanitäter hatten während der schwierigen Landung ihre Ausrüstung und das Sanitätsmaterial verloren…

Fotos: US National Archives

Um 10:35 Uhr griffen plötzlich, vom Meer aus kommend, 12 deutsche Jagdflugzeuge des Typs Focke-Wulf (Bild rechts) im Tiefflug die Amerikaner am Omaha Beach an. Einige Männer wurden von den Geschossen getroffen (wie auf dem großen Bild jemand des Personals auf einer "Rhino"-Fähre). Um 9:30 Uhr war die I. Gruppe des Jagdgeschwaders 2 nördlich Paris gestartet und hatte ab 10:05 Uhr zuerst die Briten in ihrem Landeabschnitt Gold angegriffen, waren daraufhin in weitem Bogen nach Nordwesten abgedreht und beschossen dann auf ihrem Rückweg in südliche Richtung die US-Streitkräfte am Omaha Beach. Der Rückzugbefehl wurde den deutschen Piloten um 10:45 Uhr erteilt.

Fond-Foto: US National Archives

Foto: Wikipedia

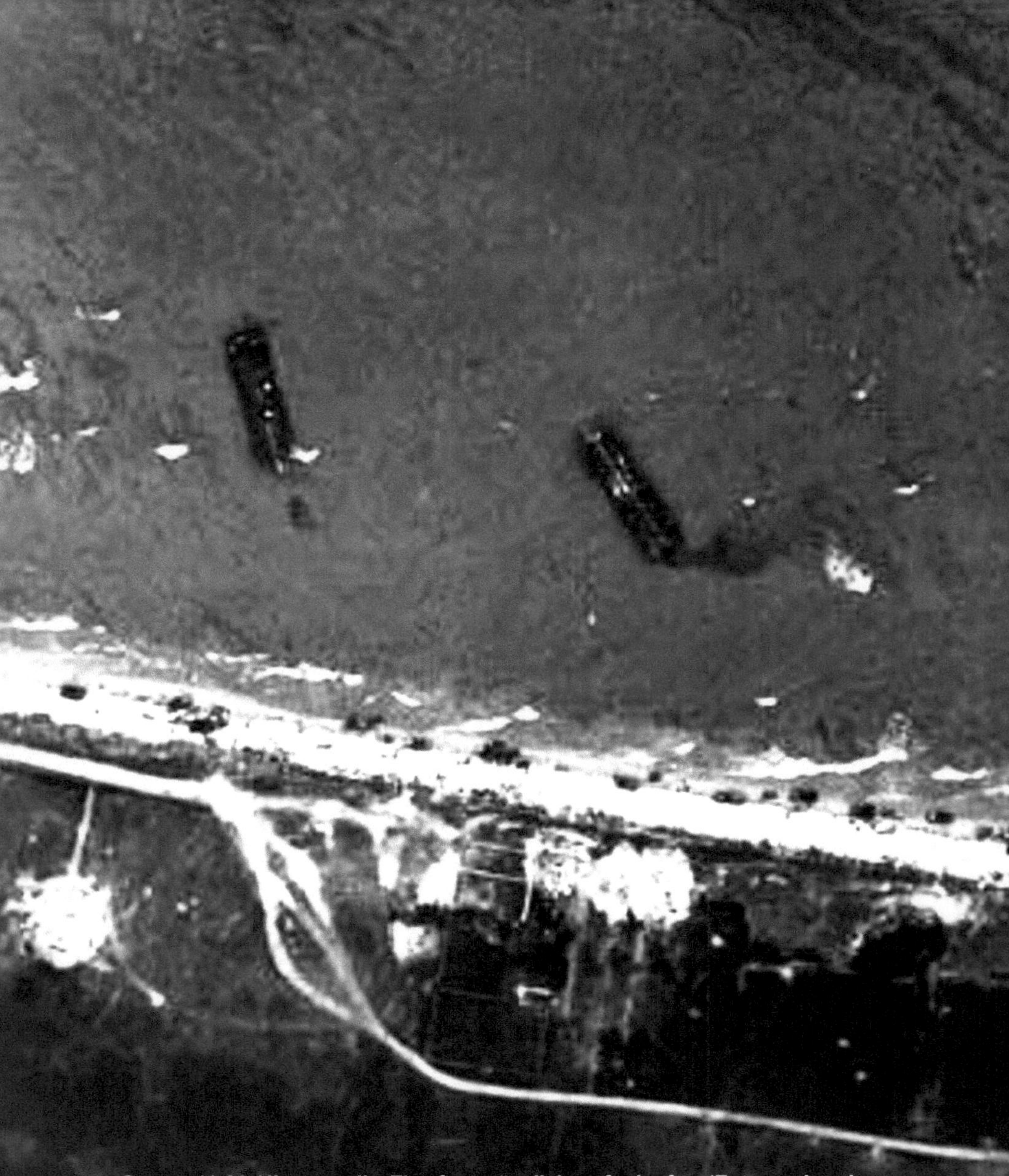

Gegen 11:00 Uhr war die Flut fast gänzlich aufgelaufen (Fotos = Landezone "Easy Green"). Auf dem nur noch schmalen Streifen Strandes herrschte akuter Platzmangel. Die inzwischen angelandeten Panzer, Dozer und Lastwagen drängten sich auf engstem Raum zusammen, viele waren von der Flut überspült. Am Vorstrandwall lag die Masse der GIs, am Wassersaum die angetriebenen Leichen der Gefallenen. Stellenweise war das Meer vom Blut der vor den Landungsbooten Erschossenen dunkel gefärbt. Ersten kleinen US-Trupps war es inzwischen gelungen, über den Vorstrandwall hinaus vorzudringen.

Fotos: US National Arch…

LCA 1063

Wracks von Landungsbooten, Panzern und Lastwagen am Strand; dazwischen Tote und Sterbende, dennoch gelang es immer mehr GIs, an Land zu kommen…

Fotos: US National Archives

Amerikanische Tank- und Bulldozer hatten inzwischen, trotz immer wieder am Strand einschlagender Granaten der deutschen Artillerie, einen großen Teil der Strandhindernisse zusammengeschoben und somit breite Schneisen für die Anlandung weiterer Truppen, Panzer und anderer Fahrzeuge geschaffen (Foto rechts = vor dem Tal von Le Ruquet, im Sektor "Easy Red").

Fotos: US National Archives

Während der deutsche Artilleriebeschuß auf die US-Truppen am Strand in Ermangelung an Munition immer schwächer wurde, brachten die Amerikaner unentwegt weitere Soldaten, Fahrzeuge und Material an Land (Fond-Foto = an der äußersten linken Flanke ihres Landeabschnittes "Fox Red", unter dem mehr als sechzig Meter hohen Kliff der Steilküste; im Sektor "Easy Red" = Foto links; und vor ihrem Strandausgang E1, vor dem Tal Le Ruquet, im Sektor "Easy Green" = Foto unten).   *Fotos: US National Archives*

Der Vorstoß der Amerikaner entwickelte sich in ihren jeweiligen Landeabschnitten äußerst unterschiedlich. Vor dem WN 62, im Sektor Fox Green, stagnierte ihr Angriff; über die Anhöhen im Sektor Easy Green und im Tal Le Ruquet drangen die US-Truppen hingegen weiterhin vor, und es kam im küstennahen Hinterland zunehmend zu Gefechten mit den deutschen Eingreifreserven (Foto rechts oben).

Die heftig umkämpften Strandausgänge E3 vor dem WN 62, D1 beim WN 72 vor Vierville und D3 in St. Laurent blieben den Amerikanern jedoch noch immer versperrt. Die Panzerabwehrmauer in St. Laurent konnte noch nicht gesprengt werden, und jene vor Vierville wurde zwar um 11:25 Uhr gesprengt (Fond-Foto), jedoch verhinderten die dabei entstandenen großen Betonbrocken noch immer das Vordringen der Soldaten, die sich in Massen am Strand zwischen diesen beiden Ausgängen angesammelt hatten (Foto rechts unten)...

Fotos: US National Archives

Der Durchbruch

Gegen 14:00 Uhr war es den amerikanischen Pionieren endlich gelungen, die erste der beiden Panzermauern, jene im Ortskern von St. Laurent, zu erreichen und zu sprengen. Nun konnten auch von hier aus die US-Truppen mit ihren Fahrzeugen ins Hinterland vordringen.

Fotos: US National Archives133

des amerikanischen Desasters am Omaha Beach zum Vorschein – und die US-Soldaten sprachen vom Bloody Omaha… Doch noch immer waren die Kampfhandlungen nicht beendet. Es war den Amerikanern bisher nicht gelungen, die beiden äußeren Strandausgänge ihres Landeabschnittes, D1 und E3, zu öffnen.

Fotos: US National Archives

Erst um 19:00 Uhr gelang es amerikanischen Pionieren unter großen Verlusten, die riesigen Betonbrocken vor dem so hart umrungenen Strandausgang D1, beim WN 72 vor Vierville (Pfeil), zu entfernen und ihn endlich gänzlich zu öffnen. Dann wurde er mit einem weithin sichtbaren Schild gekennzeichnet (Foto rechts). Somit war die letzte Barriere für den Vorstoß der Amerikaner ins Hinterland genommen...

Fotos: US National Archives

D-1-EXIT

Jene GIs, die nicht verwundet oder zu erschöpft waren, machten sich auf, die
"Todesfalle" Omaha Beach zu verlassen – um dann erst "richtig" in den Krieg
zu ziehen…

Fotos: US National Archives

Noch während des Verlaufs der weiteren Kampfhandlungen im küstennah-
en Hinterland wurden viele deutsche Soldaten als Kriegsgefangene an den
Strand gebracht, etliche in mehrere provisorische Gefangenenlager, einige
direkt auf die Landungsboote, um nach Großbritannien in die Auffanglager
transportiert zu werden. Viele dieser Soldaten waren gerade erst 16 Jahre alt.

Fotos: US National Archives

Die Kampfhandlungen am Omaha Beach forderten am D-Day unter den Amerikanern etwa 5.000 Menschenleben – wieviel deutsche Soldaten an diesem Tag fielen, ist unbekannt.

Fotos: US National Archives

Trotz des Niedrigwassers, der überall umherstehenden Wracks von Landungsbooten, Panzern, Lastkraftwagen und Jeeps sowie der Masse umherliegender
verwundeter und toter GIs fanden weitere Anlandungen von Soldaten und Material statt, denn für die Amerikaner war mit der Einnahme der Küste der Krieg
nicht zuende – er begann eigentlich erst...

Fotos: US National Archives

Die Schlacke des Krieges bot am Abend des 6. Juni 1944 an jenem Strand, der einst als Plage d'Or bezeichnet wurde, ein Bild der Verwüstung und des Grauens: Zerstörte Hindernisse, zerrissene Fahrzeuge, Verwundete und Massen toter Soldaten – viele waren nicht mehr zu identifizieren. Von diesem Tag an ging der Strand als Bloody Omaha in die Weltgeschichte ein.

Fotos: US National Archives

Am Abend des D-Day hatten die Amerikaner in ihrem Brückenkopf im Landeabschnitt Omaha den geringsten Geländegewinn aller fünf Landeabschnitte der Alliierten erzielt. Ihre Truppen standen auf einer Breite von 5.800 Metern nur maximal 1.600 Meter weit im Land. Am nächsten Tag setzten sie ihren Vorstoß ins Landesinnere fort.

Fotos: US National Archives

Quellenverzeichnis

Omaha Beach – Die Tragödie des 6. Juni 1944
Helmut K. von Keusgen
H.E.K.Creativ Verlag, Garbsen / Schloß Ricklingen 2007

Bildnachweis
Bundesarchiv Koblenz – Kollektion L. Le Devin – ecpa>d – Archiv Éditions Heimdal – Kollektion M. Galle – Archiv von Keusgen – Kollektion B.Lehmkuhl jr. – Kollektion E. Müller – Kollektion R. Munninger – National Archives and Record Administration, Coll. Park / Maryland USA – Kollektion H. E. Ottemeier – Kollektion B. Plota – Kollektion H.-J. Schnichels – Kollektion H. Severloh – Kollektion J. Stollenwerk – Wikipedia

Impressum

Eine Veröffentlichung von EK-2 Publishing GmbH

Friedensstraße 12, 47228 Duisburg
Registergericht: Duisburg
Handelsregisternummer: HRB 30321
Geschäftsführerin: Monika Münstermann

E-Mail: info@ek2-publishing.com
Website: www.ek2-publishing.com

Alle Rechte vorbehalten
Autor: Helmut Konrad von Keusgen
Grafische Gestaltung und Karten: Helmut Konrad von Keusgen
Titelfoto: Ein US-Landungsboot nähert sich dem Landeabschnitt Omaha Beach
(US National Archiv)

Helmut Konrad von Keusgen
Originalauflage H.E.K.Creativ Verlag, 2007
überarbeitete 2. Auflage H.E.K.Creativ Verlag, 2015
Neuauflage EK-2 Publishing, 2023

Verpassen Sie keine Neuerscheinung mehr!

Tragen Sie sich in den Newsletter von EK-2 Militär ein, um über aktuelle Angebote und Neuerscheinungen informiert zu werden. Somit verpassen Sie auch kein Buch von Helmut Konrad von Keusgen! Wir werden nämlich Stück für Stück seine komplette D-Day-Serie sowie weitere ausgewählte Titel des Autors neu veröffentlichen.

Als besonderes Dankeschön erhalten Sie kostenlos das E-Book »Die Weltenkrieg Saga« von Tom Zola. Erhalten sind alle drei Teile der Trilogie.

Link zum Newsletter:
https://ek2-publishing.aweb.page

Über unsere Homepage: www.ek2-publishing.com
Klick auf Newsletter rechts oben
Via Google-Suche: EK-2 Verlag

Druckhinweis:

Libri Plureos GmbH

Friedensallee 273

22763 Hamburg